# 세계괴불백과

# 세계 괴물 백과

· 신화와 전설 속 110가지 괴물 이야기 ·

류싱 지음 | 이지희 옮김

현대
지성

차례

# 3
## 그리스 신화

# 4
## 종교 전설

# 서문

우선, 이 책은 호기심의 산물이다. 세상의 이상하고 기묘하며 비정상적인 것을 찾아 헤매는 과정에서 보고 들은 바를 한데 모아 엮었기 때문이다.

1573년 프랑스인 의사 앙브루아즈 파레는 『괴물과 불가사의』(*Des Monstres et Prodiges*)라는 책을 출간했다. 이 책은 『경이와 괴이』(怪物と驚異)라는 제목으로 일본에 소개되었는데 본서의 원제는 여기서 가져왔다.

파레는 신기하고 이상한 동물들과 천문 현상을 다양하게 수집한 후 책에 수록했다. 옛사람들이 기록한 박물지나 우주 관련 서적, 연구 저작 등에서 모으기도 하고, 당시 사회에서 크게 유행했던 목판화에서 영감을 얻기도 했다. 특히 흥미로운 점은 파레가 당시 유럽의 의학과 생물학 이론에 근거해 이 괴이한 존재들을 보다 객관적으로 설명하려 했다는 것이다. 그때까지 누구도 생각하지 못한 획기적인 시도였다.

이 책에 담긴 생물들이 그려내는 경이로운 풍경은 당시 유럽의 사상과 관념과 관련하여 강한 호기심을 불러일으켰다. 이 상상 속 동물을 만들어낸 원천은 대체 무엇일까? 어떻게 이런 모습을 지니게 되었을까? 당시 유럽인들은 이 상상 속 생물에 무엇을 투사하려 했던 걸까? 여러 괴물 형상은 어떤 사상이나 관념을 반영하는 걸까?

이러한 호기심에서 출발한 의문을 가슴에 품고, 파레를 출발점 삼아 동시대의 비슷한 책들을 끈질기게 뒤지기 시작했다. 그 결과 콘라드 폰 게스너와 울리세 알드로반디 등의 박물학자들은 르네상스 시기에 계시록처럼 여겨졌던 어떤 '전조'를 그 원천으로 삼았다는 사실을 발견했다. 이는 고대 중국의 관념과 매우 유사한데, 이상한 생물의 출현이나 괴이한 천문 현상을 하늘이 인간에게 보내는 경고 메시지 혹은 장차 재앙이 닥칠 징조로 여겼다는 점이 그러하다. 다른 점이라면, 당시 유럽은 종교개혁 시기였고 개신교는 이런 현상을 로마 가톨릭 교회의 불의함을 공격하는 빌미로 사용했으며 이것이 매우 성공적이었다는 사실이다. 아마도 이 시대 사람들은 '괴물' 출현 소문에 늘 둘러싸여 지냈을 것이다.

또한 이 책은 여러 괴이한 일을 담아내고 있다. 과거에 사람들이 미지의 존재를 이해하려는 과정에서 한껏 상상력을 발휘하면서 빚어진 갖가지 오해를 수집한 셈이 되었다. 더 나아가 이 오해를 심도 있게 파헤쳐 그 뒤에 숨은 이야기들을 찾아냈다.

르네상스 시기에 탄생한 괴물보다 더 오랜 역사를 지닌 괴물도 많다. 괴물들이 남긴 발자취를 따라가다 보면 시간을 거슬러 중세에 이른다. '암흑기'라는 불명예스러운 명칭과는 달리 중세는 그다지 '암흑' 속에 싸여 있지 않았다. 심지어 르네상스 시기도 중세에 속한다고 볼 수 있다.

중세에는 각양각색의 흥미로운 존재가 여럿 등장한다. 당시 유럽에서는 동방에 대해 이런저런 기이한 상상을 하곤 했는데,『맨더빌 여행기』(*The Travels of Sir John Mandeville*)와 같은 여행기와 '알렉산더 로맨스', '프레스터 존의 전설' 등과 같은 이야기에 그런 부분이 잘 나타나 있다. 이 같은 문학 작품에서 동방은 이상하고 신비로운 식물들이 다양하게 서식하고, 색다르고 기이한 모습을 한 새와 짐승들이 활개 치며, 진기한 보물과 불로장생의 샘물 등 신기한 것들이 넘쳐나는 곳으로 묘사되어 있다. 하지만 이러한 중세기 문학 작품들은 대부분 기독교의 영향력 아래 있었다. 곧 살펴보겠지만 유럽 본토에서 탄생한 일부 괴물 전설에서도 당시 기독교의 막강한 영향력을 분명하게 확인할 수 있다.

이보다 훨씬 더 많은 괴물 전설은 그리스 로마 시대로 거슬러 올라간다. 플리니우스(Gaius Plinius Secundus)의『박물지』(*Natural History*)는 이후 나온 유럽의 수많은 박물지의 시조로 통한다. 내용이나 편찬 방식 면에서 후대에 지대한 영향을 끼쳤다. 플리니우스는 이 책에서 방대한 신화와 전설을 수집해놓았을 뿐 아니라 거기 등장하는 생물과 당시 세계관 및 지리관에 관해 현실적인 '검증'을 진행했다. 또한, 일부 전설을 이성적으로 분석하여 그 원형을 제시하고

자 했다. 물론 플리니우스는 헤로도토스 등 선조들의 업적을 계승하고는 있지만, 방대하고 총체적인 백과사전식 구성면에서 플리니우스의『박물지』는 단연 최고라 할 수 있다.

플리니우스 역시 강렬한 호기심에 이끌려 살았던 사람이었다. 서기 79년 베수비오 화산이 폭발했을 때 화산 폭발을 연구하고 지역 주민을 구조하기 위해 배를 타고 그곳에 도착한다. 하지만 결국 화산이 내뿜는 유황가스에 중독되어 죽음을 맞이한다. 지나친 호기심이 위험을 자초했다고 보는 이들도 있었지만 실제 현상을 탐구하기 위해 자진해서 기이한 사건 한가운데로 뛰어들고, 이처럼 위대한 저작까지 남긴 그의 삶은 결코 헛되지 않았다.

일반적으로 알려진 것과는 달리 그리스 로마는 초기 일정 기간 중동 지역과 긴밀하게 교류했고 신화 역시 중동의 영향을 많이 받았다. 사랑의 여신 아프로디테는 원래 중동에서 탄생했으며 메소포타미아 신화에 나오는 이슈타르, 이시스 여신과 관련이 깊다. 또한, 현대 유럽 문명의 원천 중 하나이자 그리스 로마와 함께 서구 문명의 양대 축으로 여겨지는 히브리 기독교 문명 역시 중동에서 탄생했다. 그렇다 보니 둘은 공통 요소를 많이 지니게 되었고, 그 지역 신화의 영향을 크게 받을 수밖에 없었다. 고대에 존재했던 괴물의 뿌리를 추적해가다 보면 이처럼 중동에서 관련 전설을 많이 만난다.

동시에 이 책은 거울의 기록이다. 괴물에 관한 이야기뿐 아니라 인간의 관념과 인식까지 그대로 비춰 보여주기 때문이다. 우리 속에 존재했던 전설이나 기이한 징조에 담긴 사상을 통해 동서양에 모두 존재했던 공통 관념을 확인할 수 있다. 모두가 비슷한 시기에 비슷한 존재에 관해 동일한 신화를 보유하고 있었고, 다양하고 기상천외한 상상력이 발휘되면서 서로에게 전해졌으며, 그 결과 서로의 문헌 속에 기록으로 남은 것이다.

예컨대 중동 전설에 등장하는 와쿠와쿠(waq-waq)라는 나무는 세계의 동쪽 끝에서 자란다고 알려졌는데 중국이나 일본의 와쿠와쿠 섬을 가리키는 것으로 보인다. 그 나무에 가득 열리는 열매는 사람 모습을 하고 있는데 영혼이 없고 생각도 하지 못한다. 그런데 알렉산더 대왕과 관련된 전설에서는 이 나무가 사람의 말을 할 줄 알며 알렉산더가 죽는 때를 예언했다고 나와 있다. 이 나무는 『서유기』에 등장하는 인삼과(人參果)와 상당히 비슷한데 『삼재도회』(三才圖會)에도 비슷한 기록이 존재한다. 중국의 영향을 받아 일본에도 인면수(人面樹)라 불리는 유사한 전설이 있다.

이 같은 나무에 관한 중국 최초의 기록은 남조(南朝)시대 양(梁)나라 사람 임방(任昉)이 저술한 『술이기』(述異記)에서 찾을 수 있다. "대식왕국(大食王國)은 서해(西海) 한가운데 있고, 그곳에 사각의 돌이 하나 있으며 돌 위로 나무가 많이 있는데 줄기는 붉고 잎은 푸르다. 나뭇가지마다 어린아이가 자라 있는데, 길이는 6-7촌(치)이며 사람을 보면 웃으면서 손발을 움직인다. 머리에 가지가 나 있는데 그 가지를 꺾으면 아이는 죽는다." 이와 유사한 기록이 『통전』(通典), 『유양잡조』(酉陽雜俎), 『태평광기』(太平廣記) 등의 문헌에도 등장한다.

이처럼 동서양의 기이한 전설들이 서로에게 전해지면서 변화하고 발전해왔다. 서양은 동양을 신비한 곳으로 그려왔고 동양 역시 서양을 기묘한 곳으로 상상해왔다. 상상의 구체적 내용은 각각 다르지만, 공통적인 특징이 있다. 동양과 서양 모두에게 상대방은 멀리 떨어진 미지의 타국이었기에 특이하고 환상적인 상상력이 동원되면서 결국 서로 비춰주는 거울이 되었다.

교통수단의 발달로 이제는 누구나 전 세계를 누빌 수 있고 생물학 연구 결과, 각종 동물의 특징 역시 더 이상 신기한 것을 찾기 어려워졌다. 또한, 과거 여행자들이 괴물에 관해 보고 들은 바가 거짓이었음이 증명되면서 호기심으로 탄생한 괴물들은 점점 사람들의 기억 속에서 사라져 갔다. 그렇다 해도 그들이 지닌 미지의 매력까지 함께 사라지는 건 결코 아니다. 그러므로 나는 이 책에서 현대적 관점으로 괴물을 해석하거나 평가하지 않고 그들의 언어로 서술하고자 했다.

# 1

# 고대 근동 신화

# 훔바바

Humbaba

훔바바(Humbaba)는 수메르어로 후와와(huwawa)라고 하는데, 아시리아에서 부르던 호칭을 가져온 것이다. 훔바바라는 이름에는 항상 '공포에 떨게 만드는'이라는 수식어가 붙어 다닌다. 훔바바는 거인 괴물로 사자의 발을 하고 있으며 몸은 온통 가시 비늘로 덮여 있다. 독수리 발톱에 머리에는 들소의 뿔이 돋아 있고, 꼬리와 생식기 끝에는 뱀의 머리가 달려 있다. 또는 사자 얼굴을 하고 있으며, 죽음의 눈길로 사람을 주시하는데, 울부짖는 소리는 마치 홍수가 용솟음치는 듯하고 입으로는 죽음을 뿜어대며, 숨결은 뜨거운 불과 같고, 숲속 백 리 안에서 나는 모든 소리를 들을 수 있다. 조각상에서 특히 강조되는 부분은 훔바바의 얼굴이다. 겹겹이 잡혀 있는 주름은 미로 같기도 하고 사람이나 동물의 창자 같기도 하며 혀를 내밀고 있다.

전설에 따르면 훔바바와 파주주(Pazuzu, →7번 참조)는 모두 한비(Hanbi)의 아들로 옛날부터 존재했던 거대한 괴물이다. 태양신 우투(Utu)가 훔바바를 키웠으며 신들이 사는 삼나무 숲을 지키게 했다. 엔릴은 인간이 훔바바에게 공포를 느끼게끔 특별한 능력을 주었다.

훔바바에 관한 전설 중 가장 널리 알려진 것은 길가메시의 기록이다. 서로 싸우다가 친해진 길가메시와 엔키두는 함께 신들이 사는 삼나무 숲으로 향한다. 숲에 사는 훔바바를 죽여 큰 명성을 얻기 위해서였다. 둘 다 엄청나게 강한 영웅이었지만 괴물 훔바바를 상대하려면 전략이 필요했다. 먼저 길가메시는 훔바바에게 일곱 명의 누나와 여동생을 아내로 주겠다고 거짓 약속을 한다. 그 대신 엔릴이 훔바바에게 준 광채를 자신들에게 넘기라고 말한다. 둘은 훔바바가 잠시 경계심을 푼 틈을 타서 그를 기습적으로 제압한다. 다른 판본에서는 길가메시와 엔키두가 힘을 합쳐 훔바바를 붙잡은 뒤, 길가메시가 훔바바의 머리를 베어 가죽 자루에 담아 엔릴에게 가져다주었다고 한다. 혹은 군대를 거느린 길가메시가 신에게 일곱 가지 제물을 바친 후 일곱 가지 두려움에서 벗어나게 되면서 훔바바를 물리칠 수 있었다고 한다. 혹은 훔바바와 싸우는 과정에서 큰 두려움에 휩싸인 길가메시와 엔키두가 태양의 신 샤마시(Shamash)에게 간절히 도움을 요청했고 결국 태양신의 도움으로 훔바바를 쓰러뜨렸다고도 한다. 샤마시는 바빌로니아 신화에 등장하는 태양신으로 수메르 신화의 우투와 동일하다고 본다.

이 같은 훔바바 신화에는 익숙한 요소가 눈에 많이 띈다. 훔바바의 죽음의 눈빛과 날름거리는 혀 그리고 반신반인 영웅에게 머리가 잘린 뒤 가죽 자루에 담기는 등의 내용은 그리스 신화에서 페르세우스와 메두사 이야기를 떠올리게 한다. 메두사 신화는 고르곤 신화에서 비롯되었는데, 여기서 고르곤은 '두려운 것'을 의미하며 이 역시 훔바바와 연관된다. 고르곤(→28번 참조)의 무시무시한 얼굴 형상은 사악한 기운을 물리치는 데 쓰였으며, 입 밖으로 내민 혀는 여러 문화권에서 공통적으로 위협을 의미했다. 이러한 점은 훔바바의 조각상에서도 그대로 볼 수 있다. 이외에도 훔바바 역시 얼굴이나 머리만 있는 조각상이 많은데 이로써 훔바바와 고르곤은 깊은 관련이 있음을 다시 한번 확인할 수 있다.

대다수 문헌에서 훔바바는 난폭하고 어리석은 괴물로 묘사된다. 반면 새롭게 발견된 고대 바빌로니아 진흙판에는 훔바바의 모습이 다르게 서술되어 있다. 삼나무 숲속 가득히 원숭이와 매미의 울음소리와 새들의 지저귀는 소리가 한데 어우러지면서 교향곡이 울려 퍼진다. 매일 삼나무 숲에서 연주되는 이 교향곡은 그들의 왕 훔바바를 찬양하기 위한 것이다. 여기서 훔바바는 상당히 문명화된 통치자로 형상화된다. 비슷한 맥락에서 훔바바를 우르크와 동시대에 존재했던 나라로 보는 견해도 있다. 훔바바는 레바논과 시리아 접경지대에 있던 나라로 삼나무가 많이 자라다 보니 매우 부유했다. 엔키두도 하나의 나라였는데 싸움에 상당히 능한 부족이었지만 길가메시에게 정복당했다. 우르크보다 낙후되다 보니 결국 길가메시에게 투항한 것이다. 길가메시는 늘 훔바바의 풍부한 자원을 탐냈고 마침 삼나무는 우르크에 꼭 필요한 자원이었다. 결국 엔키두 부족의 힘까지 등에 업은 길가메시는 전쟁을 일으켜 훔바바를 멸망시킨다.

# 아프칼루

Apkallu Fish

견고한 현무암을 깎아 만든 대야. 아프칼루의 부조가 장식되어 있으며 니네베 부근의 이슈타르 신전에서 발견되었다.

아프칼루(Apkallu)는 수메르어로 아브갈(Abgal)이라 하며 메소포타미아 신화에 나오는 일곱 명의 현자를 가리킨다. 이들은 물에서 생겨났기에 '잉어'로 불렸으며 천상계와 지상계의 질서 유지를 담당했다. 대홍수 전의 인류는 미개해서 문명과 문화를 발전시키지 못했다. 이에 하늘의 신이 일곱 명의 현자를 내려보내 인간을 가르치고 문화와 예절, 도덕을 전수했다. 이 일곱 현자의 영향으로 이후 고대 그리스에서도 일곱 명의 현인이 출현한다.

최초로 인간 세상에 내려온 현자는 우안나(Uanna), 혹은 우안(Uan)으로도 불린다. 물고기 몸통에 사람 머리와 팔다리가 달려 있고 사람 말을 했다. 사람들에게 읽고 쓰기와 계산하는 법을 가르쳤으며, 도시와 신전을 건설하는 방법과 법전을 편찬하는 법, 국경을 정하고 토지를 나누는 방법을 전파했다. 또한, 농작물 재배법과 과실 수확법도 알려주었으며, 신들이 세상을 창조한 과정도 전해주었다.

바빌로니아 신화에도 비슷한 인물인 오안네스(Oannes)가 등장하는데, 베로수스의 『바빌로니아지(誌)』에 그 기록이 남아 있다. 오안네스는 바빌로니아와 인접한 에리트레아 해에서 출현했다고 한다. 전체적으로는 물고기 형상인데 물고기 머리 아래 사람 머리가 달려 있다. 사람 말을 하며 물고기 꼬리 밑에 사람 발이 붙어 있다. 낮에는 사람들에게 문자, 기하학을 가르치고, 도시와 신전을 건설하는 방법과 법령을 제정하고 땅을 측량하는 방법을 전수했으며, 이 외에도 씨를 채집하여 심고 가꾸어 수확하는 방법까지 알려주었다. 그리고 밤이 되면 다시 바다로 되돌아갔다. 오안네스의 출현으로 인류의 미개한 시대는 끝이 난다. 간혹 오안네스를 우안나의 그리스어 표기로 보기도 한다.

하늘이 땅으로 내려보낸 일곱 현자 가운데 일곱 번째는 유투아브주(Utuabzu) 혹은 유투아바(Utuaabba)라 불린다. 유투아바는 바다에서 탄생했다는 의미다. 인간에게 지식을 전수하고 교화시켰다는 면에서 우안나와 유사하다.

아카드 신화에는 아다파(Adapa)라는 인물이 출현하는데 아카드 버전의 일곱 현자 중 한 명이다. 그를 수메르신화의 우안나로 보기도 하고, 유투아바와 같은 인물로 간주하기도 한다. 아다파에 관한 전설은 오랜 기간 변화 발전하면서 다양한 버전이 존재한다. 아다파는 지혜의 신 에아(Ea)의 아들로 에아가 지상으로 파견한 첫 번째 현자다. 에리두 사람들에게 지혜를 전하고 에리두 성전의 사제로서 의식을 주관했으며, 성문을 지키고 요리사와 함께 음식도 준비했다.

어느 날 고기를 잡으러 바다에 나간 아다파는 남풍의 여신 닌릴과 마주쳤다. 닌릴이 바다에서 태풍을 일으키려 하자 아다파는 육지 쪽으로 태풍이 불면 날개를 부러뜨리겠다고 위협했다. 그런데 그 말이 떨어지기 무섭게 닌릴의 날개가 부러져버렸고, 그날로부터 7일간 땅에는 남풍이 불지 않았다. 이를 이상하게 여긴 하늘의 신 아누(Anu)가 시종을 불러 그 이유를 묻자 시종은 자초지종을 설명했다. 이에 아누는 아다파를 심문하기 위해 에아에게 그를 불러오라고 명했다. 그러자 에아는 아다파에게 가서 머리를 풀어헤치고 상복을 입고 가라고 알려주었다. 이는 천상의 문을 지키고 있는 탐무즈(Tammuz)와 닝기시지다(Ningishzida)를 자기편으로 끌어들이기 위해서였다. 문지기인 두 신이 아다파의 앞을 가로막으며 어째서 그런 복장을 하고 있는지 묻자, 아다파는 탐무즈와 닝기시지다가 인간 세상에서 사라져버렸기 때문이라며 두 신을 치켜세웠다. 그러자 두 신은 아누 앞에서 아다파의 편을 들어주었다. 사전에 에아는 아다파를 보내면서 아누가 주는 죽음의 음식과 물을 절대 먹어서는 안 된다고 신신당부했다. 하지만 탐무즈와 닝기시지다가 해주는 칭찬의 말을 듣고 아다파의 경건한 모습을 직접 본 아누는 죽음의 음식과 물을 영생의 음식과 물로 바꾸어버렸다. 이를 알 리 없는 아다파는 에아의 충고대로 아무것도 입에 대지 않았다. 그 모습을 본 아누는 역시나 아다파도 보잘것없는 인간에 불과하다며 비웃으면서 그를 인간 세상으로 돌려보낸다.

일반적으로 아다파는 최초의 인간으로 간주하며, 아다파 신화가 아담 이야기와 관련성이 있고 그 탄생에 영향을 준 것으로 본다. 일부 학자들은 아다파(Adapa)에서 뒷부분의 '파'(pa)가 '무'(mu)로도 읽혀서 '아다무'(adamu)가 되었고, 이후 히브리어로 전해지면서 '아담'(adam)으로 바뀌었다고 주장하기도 한다. 전설에서 아다파는 신의 아들이면서 지혜를 지녔지만 영생의 기회를 놓치고 만다. 이렇듯 지혜와 영생 모두를 가질 수는 없다는 사상은 아담이 에덴동산에서 쫓겨나는 이야기에서도 그대로 구현된다.

# 우갈루

Ugallu

신아시리아 시대 부조(BC 704~681)로서
왕궁을 지키는 우갈루를 보여준다.

우갈루(Ugallu)는 '거대한 폭풍 야수'라는 뜻으로, 사자 머리에 인간의 몸을 하고 새의 발을 가졌다. 기원은 BC 2000년경인데 처음에는 인간의 발이었고, 새의 발을 가진 형태는 BC 1000년경부터 등장했다. 신화에서 우갈루는 티아마트가 만들어낸 열한 명의 괴물 중 하나로 나온다. 고대 바빌로니아 시대에 우갈루는 지하세계의 문지기로 그곳을 다스리는 네르갈(Nergal)의 시종으로 알려졌다. 사자 머리에 사자 귀가 달렸으며 왼손에는 단도를 오른손에는 지팡이를 쥔 모습으로 묘사된다. 주로 루랄(Lulal)과 함께 출현하는데 둘의 모습은 상당히 비슷하다. 우갈루는 악령을 몰아내는 용도로 주로 왕궁이나 신전 또는 개인 침실 등에 놓였다. 또는 호신용 부적이나 마법 보석에 새겨 넣는 문양으로 사용되었다.

# 안주
Anzu

라가시 왕국 엔테메나 시대(BC 2450년경), 닌기르
수의 사제 두두(dudu)가 봉헌한 구멍 뚫린 부조

안주(Anzu)는 메소포타미아 신화에 나오는 거대한 괴물 새다. 남풍과 천둥 번개의 화신이며, 사자 머리에 독수리의 몸 형상을 하고 있다. 초기 조형물에서 안주는 정면 대칭으로 날개를 펼친 채 두 발로 짐승을 딛고 있는 모습으로 등장했다. 이 짐승은 일반적으로 사자나 수사슴, 산양으로 본다. 또는 산양이 에아(Ea)를 상징하고 수사슴이 닌후르사그(Ninhursag)를, 사자가 닌우르타(Ninurta)를 나타낸다고 보기도 한다. 이는 가장 전형적인 안주의 모습으로, 그 영향을 받은 히타이트인이 머리가 둘 달린 독수리 형상을 만들어 냈다고 알려졌다.

역사적으로 쌍두 독수리는 동로마 제국과 신성 로마 제국, 오스트리아 왕실, 제정 러시아를 대표하는 문양으로 여러 차례 사용되었다. 또한, 아카드 왕조의 원통형 인장에도 안주가 엔릴의 심판을 받는 광경이 등장하는데, 상반신은 사람이며 하반신은 새의 모습으로 표현되어 있다. 이후 아시리아 제국에서도 사자 몸통에 독수리의 날개를 달고, 앞발은 사자 발이며 뒷발은 독수리 발을 가진 형상이 출현했다.

전설에 따르면 안주는 입에서 불과 물을 내뿜으며 거대한 날개를 펄럭여 태풍을 몰고 온다. '안주'(anzu)라는 이름의 의미는 확실치 않지만 일반적으로 '하늘의 지혜'로 풀이한다. '안'(an)은 하늘의 신 아누(Anu)를 가리키고, '주'(zu)는 지혜를 의미하다 보니, 과거에는 'zu'라는 이름으로 잘못 부르기도 했다. 또는 임두굿(Imdugud)으로 불리기도 했는데, 아카드인이 붙인 이름이라는 설과 수메르인이 부르던 호칭이라는 설이 있지만, '안주'가 아카드어임은 분명하다.

안주에 관한 가장 유명한 기록은 〈안주 서사시〉에 나온다. 안주가 엔릴에게서 운명의 서판을 훔친다는 내용이다. 전해지는 바로는 운명의 서판에는 신을 포함한 모든 인간의 운명이 기록되어 있는데, 이 서판을 차지한 자는 온 세상을 통치하는 최고 권력을 손에 넣는다. 바빌로니아 신화에서 운명의 서판은 본래 티아마트(Tiamat, →10번 참조)의 것으로 나오는데 이후 킨구(Kingu)에게 넘겨주었다. 그러자 마르두크(Marduk)가 킨구와 전쟁을 벌여 서판을 빼앗고 세상 통치권을 손아귀에 넣는다.

전설에 의하면 안주는 엔릴이 목욕하러 들어간 틈을 타서 몰래 운명의 서판을 훔쳐 산속으로 도망간다. 이에 엔릴이 모든 신을 불러 모은 뒤 안주에게서 운명의 서판을 되찾아오라 명하지만 아무도 선뜻 나서지 않는다. 그러자 전쟁의 신 닌우르타가 나서서 안주를 뒤쫓는다. 닌우르타가 안주를 향해 화살을 쏘자 운명의 서판이 시간을 거꾸로 흐르게 하는 기묘한 능력을 발휘하기 시작한다. 화살은 공중에서 분해되어 화살대는 등나무 숲으로, 화살 깃은 새의 깃털로, 활은 나무로, 활시위는 양의 몸으로 각기 되돌아간다. 이런 불리한 상황에서도 닌우르타는 포기하지 않았고 결국 안주의 날개를 찢어 땅으로 떨어뜨린다. 그런데도 안주의 숨이 끊어지지 않자 닌우르타는 그 목을 떼어버리고 운명의 서판을 되찾아 엔릴에게 돌려준다. 아시리아의 아슈르나시르팔 2세는 수도를 아슈르에서 칼후로 옮기면서 이 도시를 닌우르타에게 바친다는 의미에서 님루드라고 이름 붙였다. 그는 이 도시의 신전에 닌우르타와 안주의 싸움을 소재로 한 부조를 새겨 넣으라고 명했다. 이 부조는 '마르두크가 안주를 무찌르다'라는 이름으로 불리기도 한다.

안주는 〈길가메시 서사시〉에도 등장한다. 유프라테스 강가에 훌루푸라는 나무가 있었는데 인안나(Inanna)가 이 나무를 자기 정원으로 옮겨 심는다. 나무가 자라면 옥좌와 침대를 만들기 위해서였다. 하지만 나무가 크게 자랐음에도 그렇게 할 수 없었다. 언제부터인가 나무뿌리 부근은 뱀이 차지하고, 나무줄기에는 악마 릴리스가 살고 있으며, 꼭대기에는 안주가 둥지를 틀었기 때문이었다. 이에 길가메시가 나서서 인안나를 도와준다. 그가 나무뿌리에 사는 뱀을 죽이자 놀란 릴리스는 순식간에 도망쳐버리고 안주 역시 새끼를 데리고 산속으로 날아간다. 길가메시는 나무로 옥좌와 침대를 만들어 인안나에게 선물한다. 인안나 역시 나무 그루터기로 만든 북과 나뭇가지로 만든 북채를 길가메시에게 선물한다. 하지만 결국 이 북과 북채 때문에 길가메시의 친구 엔키두는 꿈속에서 저승으로 잡혀가는 운명이 된다.

안주와 길가메시 일가의 인연은 그의 아버지 루갈반다(Lugalban-da)로 거슬러 올라간다. 우루크의 평범한 병사였던 루갈반다는 어느 날 우연히 안주의 둥지를 발견한다. 그는 안주의 새끼들을 돌봐주면서 몸에 화려한 장신구도 달아준다. 사냥에서 돌아온 안주는 이를 보고 매우 기뻐하며 루갈반다의 친구가 되어 그를 보호하기로 맹세하고 매우 빠르게 달리는 능력까지 선물로 준다. 안주의 도움으로 우르크 왕의 자리에까지 오른 루갈반다는 여신 닌순(Ninsun)과 결혼해 길가메시를 낳는다.

안주는 〈에타나 서사시〉에도 등장한다. 전해지는 바로는 대홍수 이후 신들은 키시에게 왕권을 부여하는데 그는 에타나(Etana) 이전 국왕이다. 역사적으로 검증된 바는 없지만 양치기였던 에타나가 키시 왕국을 통치했다는 기록이 남아 있다. 왕이 되었지만 줄곧 후사가 없었기에 에타나는 깊은 슬픔 속에 살아간다. 그러던 어느 날 깊은 구덩이에 상처 입은 거대한 괴물 새가 빠져 있는 것을 발견한다. 구덩이에서 구해내 정성껏 치료해주자 그 보답으로 괴물 새가 그를 하늘나라로 데려간다. 하늘에서 아이를 낳는 약초를 구한 덕분에 이후 키시 왕국의 후계자인 발리가 탄생한다.

대홍수 신화 〈아트라하시스〉에는 안주가 날카로운 발톱으로 하늘을 찢자 엄청난 양의 물이 땅으로 쏟아져 내렸고 그 결과 최초의 인류가 멸망했다고 나와 있다. 안주에 관한 전설은 이미 역사 뒤편으로 사라졌지만 이를 근간으로 탄생한 다양한 형상과 전설, 이야기가 현재까지도 전해진다.

# 005

# 구갈안나

Gugalanna

고대 바빌로니아의 원통형 인장에는 엔키두가
하늘의 위대한 황소를 무찌르는 모습이 표현되
어 있다(BC 1970-1670).

구갈안나(Gugalanna)는 메소포타미아 신화에 등장하는 신이다. 기록에 의하면 구갈안나는 지하세계를 다스리는 에레슈키갈(Ereshki-gal)의 첫 남편이다. 구갈안나는 '하늘의 위대한 황소'라는 뜻인데, 지진으로 말미암은 자연재해를 사람들이 신화적으로 해석한 것이다. 구갈안나에 관한 가장 유명한 신화는 〈길가메시〉에 등장한다. 당시 메소포타미아 사람들은 여신 이슈타르를 숭배했다. 모든 도시국가의 군주는 종교의식을 통해 이슈타르와 결혼식을 거행해야만 통치권을 인정받았다. 하지만 길가메시는 이를 거부했다. 남편이던 탐무즈의 죽음에 이슈타르가 책임이 있다는 이유로 그녀와의 결혼을 거절했다.

누구보다 아름답긴 하지만 자신이 갖고 싶은 건 꼭 손에 쥐어야 직성이 풀리는 이슈타르는 분을 이기지 못하고 신들의 아버지 아누를 찾아가 하소연한다. 그리고 아누에게 하늘의 위대한 황소를 인간 세상으로 내려보내 그들을 벌주도록 한다. 하지만 용맹스럽고 비범한 힘을 지닌 길가메시와 그의 친구 엔키두는 힘을 합쳐 하늘의 황소를 죽이고, 그 내장을 꺼내 이슈타르의 얼굴에 던져버린다. 다른 설에 따르면 엔키두가 황소의 뒷다리를 잘라 이슈타르에게 던지면서 만약 잡히면 당신도 똑같이 해주겠다고 말했다고 한다. 엄청난 모욕을 당한 이슈타르가 가만히 있을 리 없었다. 두 사람에게 하늘의 황소를 죽인 죄를 물어 길가메시의 친구 엔키두는 결국 쇠약해져 죽는다.

하늘의 황소는 고대 메소포타미아의 별자리 중 하나다. BC 3200년 춘분에 북반구 하늘에 출현했다. 춘분에 태양이 떠오르면 별자리가 그 모습을 감추는데 여기에서 황소의 죽음 이야기가 만들어졌을 것이다. 그리스 신화는 메소포타미아 신화의 영향을 많이 받았는데, 그리스에도 하늘의 황소 이야기가 전해지면서 황소자리로 바뀌었다.

# 006

# 라마슈투

Lamashtu

신아시리아의 마귀 라마슈투를 쫓아내는
주술판

메소포타미아인은 재앙이란 하늘 신이 파견한 악의 신이 인간에게 주는 벌이나 시험이라고 믿었다. 그중에서도 인간의 번식이나 출산을 방해하는 악의 신을 가장 두려워했다. 하지만 라마슈투(Lamashtu)는 이와는 조금 다른 악의 신이었다. 라마슈투는 본래 하늘의 신 아누의 딸인데 신들이 보내서가 아니라 자신이 원해서 땅으로 내려왔으며, 사람들에게 재앙과 질병, 전염병, 죽음을 가져다주는 악의 여신이었다. 라마슈투에게 해를 입지 않기 위해 사람들은 파주주(Pazuzu, →7번 참조)에게 도와달라는 기도를 올렸다.

라마슈투는 온몸이 털로 덮여 있으며 암사자나 새의 머리에 당나귀의 이빨과 귀를 가지고 있다. 손가락은 길고 날카로우며, 양손에는 머리가 둘 달린 뱀을 들고 있고, 발에는 맹금류의 날카로운 발톱이 달려 있다. 보통 당나귀의 등 위에 서 있거나 무릎을 꿇고 있으며, 양쪽 가슴에는 멧돼지나 늑대가 각각 한 마리씩 젖을 빨고 있다. 간혹 날개 달린 모습으로 그려지기도 한다.

라마슈투는 일곱 개의 이름을 가지고 있는데 이 때문에 일곱 마녀로 불리기도 한다. 어린아이를 죽이고, 임산부를 유산시키며, 임산부와 산모에게 해를 끼친다. 젖먹이 아기를 훔쳐가고, 갓난아기의 뼈를 갉아 먹으며 피를 빤다. 악몽을 꾸게 하며 나뭇잎을 말려 죽이고 호수나 강물을 썩게 만든다.

악령으로부터 자신을 지키기 위해 메소포타미아에는 주술사가 등장하기 시작했고 이들은 '아시푸'(Asipu)라 불렸다. 고대 메소포타미아에는 두 종류의 의사가 존재했다고 한다. 약물을 사용하여 병을 치료하는 의사인 아수(Asu)와, 초자연적 힘을 사용하는 아시푸(Asipu)가 있었다. 이들 모두 메소포타미아인들의 존경을 받았다. 아수는 약물로 병을 치료하지만 약이 효과를 발휘하지 못할 때는 아시푸의 도움이 필요했다. 특히 아기를 낳을 때는 아수의 약물이 보조적 역할밖에 하지 못했기에 아시푸가 꼭 필요했다.

아시푸는 특별한 의식과 주문을 사용해 악령을 쫓아냈는데 특히 라마슈투가 산모를 괴롭힐 때 꼭 필요했다. 의식에는 라마슈투의 조각상이 필요한데, 아시푸는 조각상 앞에 빵을 두고 조각상에 물을 뿌린다. 또한, 조각상을 옮길 때는 반드시 검은 개가 옮겨야 한다. 이렇게 조각상을 환자 머리맡에 사흘간 두는데 새끼 돼지의 심장을 조각상 입에 끼워 놓는다. 그리고 사흘 동안 매일 세 차례씩 라마슈투 조각상을 바라보며 주문을 외운다. 그리고 삼 일째 되는 날 저녁에 조각상을 성벽 부근에 묻는다.

한편 메소포타미아 사람들은 질병에 대해 자신이 지은 죄로 인해 신이 내리는 벌이라 생각했는데, 질병을 악마의 손으로 형상화하여 불렀다. 예컨대 어떤 여성이 난산을 겪으면 라마슈투의 손이 그 몸 위에 있기 때문이라 생각했다. 따라서 어떤 병에 걸렸든 먼저 죄를 인정하고 깊이 뉘우치면서 다시는 같은 죄를 저지르지 않겠다고 신에게 맹세한 뒤에 의사나 주술사의 치료를 받아야만 병이 낫는다고 믿었다.

# 007

# 파주주

Pazuzu

신아시리아 시대의 파주주 청동상

파주주(Pazuzu 또는 Fazuzu, Pazuza)는 메소포타미아 신화에 등장하는 악마다. 수메르에서 아시리아 시대까지 그 지역 사람들의 숭배를 받았다. 파주주는 저승에 살며 훔바바(→1번 참조)와는 형제지간이다. 죽은 자의 땅에서 불어오는 서풍과 서남풍을 주관하며, 건기에는 바람으로 기근을 몰고 오고, 우기에는 폭우와 메뚜기 떼를 몰고 와 큰 피해를 준다. 이렇게 막강한 능력을 지닌 파주주에게 사람들은 소원을 빌고 제사를 지냈다. 그 강한 파괴력을 다른 방면으로 활용해 인간을 보호해주길 바랐다. 즉, 산모와 갓난아기를 죽이는 라마슈투(→6번 참조)를 파주주가 쫓아주길 기원했다. 악으로 악을 제압하는 것이다.

파주주 같은 악령은 보통 신들의 계획으로 탄생한다. 메소포타미아 신화를 보면 최초의 인류는 수명이 길었고 죽는 사람에 비해 태어나는 수가 훨씬 많았다. 그 결과 땅은 사람들로 가득 찼고 그들이 떠들고 다투는 소리가 하늘에까지 들렸다. 시끄러운 소리를 더 이상 견딜 수 없게 된 엔릴은 대홍수를 일으키고 가뭄과 전염병을 내려보내 최초의 인류를 모두 멸망시킨다.

지혜의 신 에아의 도움으로 배를 만들어 살아남은 우트나피쉬팀은 깊은 산속에 숨어 살았다. 살아 있는 인간이 있다는 사실에 엔릴이 크게 분노하자 에아는 인간의 생명력을 훨씬 약하게 만들면 된다고 엔릴을 설득했다. 그들의 수명을 짧게 만들고, 병에 걸리게 하며, 유산, 불임, 성 불능을 겪게 하고, 야생동물의 습격을 받게 했다. 이 외에도 인간의 수명을 통제할 방법은 많았다. 이 전설은 노아 방주 이야기의 원형 중 하나로 제시된다. 마찬가지로 악령 역시 신들이 보냈다. 그들은 각종 재앙을 통해 죄를 지은 인간을 벌하고 정직한 사람을 시험에 들게 하는 역할을 했다.

파주주를 향한 숭배와 기원은 주로 파주주 조각상이나 부적으로 표현되었다. 조각상은 설화석고나 청동 등 다양한 재료로 제작되었다. 반면 부적은 대부분 홍옥으로 만들었는데 그 위에 파주주의 모습이 새겨져 있다. 파주주는 개나 사자의 머리에 인간의 몸을 하고 있으며 온몸이 비늘로 덮여 있고, 발기한 상태의 남자 생식기가 뱀의 머리 형태를 하고 있다. 거대한 맹수의 발을 지녔으며, 등에는 한 쌍 혹은 두 쌍의 날개가 달려 있고, 등 뒤에는 전갈 꼬리가 붙어 있다. 이 같은 조각상과 부적에 그려진 파주주 형상은 진짜 파주주의 주의를 끌어 그가 나타나길 바라는 방이나 사람 곁으로 불러들인다. 보통 아이 방이나 문 또는 창문 가까이에 두거나 방바닥에 묻어놓기도 한다. 조각상과 부적의 크기는 그리 크지 않았는데, 파주주가 자신을 소환한 사람이 아니라 그 몸에 침입한 악마와 맞서는 데 힘을 집중시키도록 하기 위해서였다.

# 008

# 무슈슈
Mušḫuššu

이슈타르의 문에 부조로 장식된 무슈슈 형상

무슈슈(Mušḫuššu, 무슈후슈)는 메소포타미아 신화에 나오는 괴물이다. 바빌로니아 내부의 8번째 성문인 이슈타르의 문에 조각된 부조가 가장 유명하다. 이슈타르의 문은 신바빌로니아 왕국의 왕 네부카드네자르 2세의 지시로 지어졌으며, 여신 이슈타르에게 바치는 문이라는 의미에서 그렇게 불렸다. 성문 전체가 유리벽돌로 꾸며져 있으며 무슈슈, 사자, 황소, 그리핀 등의 동물 부조가 장식되어 있다. 원래는 이중문 구조였는데 독일 고고학자가 발굴 당시 너무 큰 외성문은 남겨두고 내성문만 자국으로 가져갔다고 한다. 유약이 다소 벗겨지긴 했지만 정교하고 아름다운 모습 그대로 남아 있다.

성문에 새겨진 부조는 무슈슈의 전형적인 형태를 그대로 보여준다. 비늘로 덮인 몸통에 뱀의 머리가 달려 있으며, 벌어진 입에서는 뱀의 갈라진 혀가 튀어나와 있다. 뱀의 머리 형태는 이집트 코브라의 영향을 받았다. 이는 아라비아반도에 주로 서식하는 독사로 머리 위에 뿔이 우뚝 솟아 있고 머리 뒤로는 둥글게 말린 볏 형태가 있는데 중국 용의 뿔과 비슷해 보인다. 꼬리 역시 뱀 꼬리와 비슷한데 높이 치켜들고 있는 모습이 위협적으로 느껴진다. 앞다리는 고양잇과 동물과 유사한데 치타의 다리를 본뜬 것으로 보이며, 뒷발에는 사나운 조류의 발톱이 달려 있다. 이를 제외한 다리의 다른 부분은 조류보다는 네발짐승의 다리와 훨씬 비슷해 보인다. 몸통은 전부 비늘로 덮여 있는데 목과 귀 부근에 둥근 무늬가 새겨져 있다. 이 무늬가 털을 나타낸다고 보기도 한다.

무슈슈라는 이름은 붉은 뱀, 분노한 뱀, 화려한 뱀을 뜻한다. 본래 무슈슈는 에슈눈나(Eshnunna)의 지역 신 티슈팍(Tishpak)의 소유였다. 이후 에슈눈나가 고대 바빌로니아 왕국에 점령당하면서 무슈슈 또한 바빌로니아의 민족신 마르두크 신화에 포함되었고 마르두크와 그의 아들 나부(Nabu)의 것으로 여겨졌다. 이 외에도 다니엘의 외경 부록 '벨과 용'(Bel and the Dragon, ➔44번 참조)에 나오는 용을 무슈슈로 보기도 한다.

고대 그리스 별자리 중 히드라자리는 고대 메소포타미아의 별자리인 뱀자리의 영향을 받았다. 이 별자리는 사자의 앞발과 날개를 가졌으며 뒷다리는 없고 무슈슈의 머리를 하고 있다.

이슈타르의 문에서 무슈슈를 제외한 다른 존재들은 실제로 존재했던 동물이다. 그렇다 보니 일부 학자들은 무슈슈 역시 당시 바빌로니아인에게 친숙했던 어떤 생물로 여기고 현실에서 대응되는 존재를 찾고자 했다. 그 결과 이구아노돈이나 시바테륨(아시아에 생존했던 기린의 조상) 또는 이라크 남부 늪지대에 사는 미지의 생물로 추측하기도 했다.

# 009

# 라마수

Lamassu

신아시리아 시대 두르샤루킨의 라마수

(BC 721-705)

라마수(Lamassu)는 알라들람무(Aladlammu)라고도 불리는 아시리아 신화에 나오는 수호신이다. 민가에서 처음 출현했으며 보통 라마수를 새긴 진흙 판을 출입문의 문지방 아래 묻어두었다고 한다. 이후 왕궁에서도 라마수 조각상을 세우면서 왕실 수호자로 발전했다. 일반적으로 한 쌍의 라마수 조각상이 궁궐 입구나 도시의 성문에 서 있으며 그 크기는 하나같이 거대하다.

라마수 조각상은 사람 머리에 뿔이 달린 관을 쓰고, 황소나 사자의 몸에 한 쌍의 거대한 새 날개를 가졌다. 초기에는 다리가 다섯 개였다. 라마수의 사람 머리는 지혜를 의미하고, 황소나 사자의 몸은 힘을 상징하며, 새의 날개는 민첩함을 나타내는데 뿔이 달린 관은 신성(神性)을 드러낸다고 알려졌다. 정면에서 바라보면 버티고 서 있는 모습이지만, 옆면에서 보면 천천히 거니는 모양새다. 본래 암컷인 라마수에 대응되는 수컷 형상은 쉐두(shedu)라 부르며, 암컷 라마수를 부르는 전문용어로는 아프사소(apsasû)가 있다.

이처럼 날개 달린 인면수신상은 주로 근동이나 중동 지역에서 출현했다. 라마수 형상이 처음 등장한 건 신아시리아 제국의 티글라트 필레세 2세 때로 권력을 상징했다. 라마수의 모습은 고대 메소포타미아의 천체나 황도대 혹은 별자리에서 유래했으며 라마수는 이들의 축소판이라 할 수 있다. 아시리아인들은 이들을 수호신으로 삼았는데 신화적 의미에서 그 안에 모든 생명이 담겨 있다고 생각했기 때문이다.

〈길가메시 서사시〉에도 라마수가 언급되는데 여기서는 자연의 정령으로 묘사된다. 그 뒤로 메소포타미아 역사 속에서 지속적인 변화 과정을 겪는다. 그리고 신아시리아 시대에 이르러 이처럼 날개 달린 인간 머리의 황소 형상이 라마수로 불리기 시작한다. 수메르 신화에 나오는 여신 라마(lama)를 라마수의 기원으로 보는 견해도 있는데, 여신은 인간의 모습을 하고 층이 여러 겹으로 진 겉옷을 입고 있다. 아카드인은 라마 여신을 라마수로 부르기 시작했는데 그 후로 날개 달린 황소나 사자 몸에 여신의 얼굴이나 머리가 달린 모습으로 바뀌었다. 또한, 혼란이나 사악한 힘의 침입으로부터 신전이나 왕궁을 지키면서 라마수는 수호신을 의미하게 된다.

고대 유대인은 아시리아인에게 지대한 영향을 받았다. 성경 에스겔서를 보면 인간, 사자, 독수리, 황소가 혼합된 이상한 존재가 등장하는데 '네 생물' 혹은 '커룹'이라 부른다. 네 가지 생물은 각각 4대 복음서의 예표로 여겨지며, 사람, 사자, 독수리, 황소에 대하여 마태복음, 마가복음, 누가복음, 요한복음의 대응관계는 조금씩 다르게 나타난다. 그중 사자로 상징되는 마가복음과 관련하여 베니스인은 산 마르코(마가)의 유해를 베니스로 옮겨와 도시 곳곳에 날개 달린 산 마르코 사자상을 세운 적이 있다.

# 티아마트
Tiamat

BC 8세기 신아시리아 시대의 원통형 인장에는
티아마트의 죽음이 묘사되어 있다.

〈에누마 엘리시〉(Enûma Elish)는 바빌로니아의 창조 서사시다. 서사시의 첫 구절을 따서 그렇게 부른다. 중국의 역사학자 라오쭝이는 역서 『근동 창세 서사시』(近東開辟史詩)에서 이 구절을 "하늘 높은 곳에서"로 옮겼다. 이 서사시는 세상의 시작에 관한 이야기다. 태초의 세상은 어슴푸레하고 혼돈이 가득했다. 염수를 상징하는 신 티아마트(Tiamat)와 담수를 상징하는 신 아프수(Apsu)는 세상을 가득 채운 태초의 물이었다. 이 두 물이 섞여 최초의 신들이 탄생했다. 이때만 해도 티아마트는 평화로운 창조의 신이자 모든 생명을 창조한 만물의 근원으로 여겨졌다.

계속해서 새로운 신들이 탄생하자 그들과 티아마트, 아프수 사이에 분쟁이 시작되었다. 아프수는 새로운 신들이 자신을 죽이고 자기 자리를 빼앗으려 할까 봐 불안했다. 이에 새로운 신 에아는 아프수가 자신을 없애려 한다는 걸 알아차리고 먼저 그를 붙잡아 가두고 깊은 못을 만들어버렸다. 하지만 킨구는 에아 편에 서지 않고 에아가 벌인 모든 짓을 티아마트에게 알렸다. 화가 난 티아마트는 킨구에게 운명의 서판을 주면서 그와 함께 싸우기로 결심했다. 전쟁에 나서기 전 티아마트는 열한 명의 괴물을 낳아 킨구에게 지휘권을 맡겼다.

티아마트는 에아에게 승리하지만 결국 태양의 신 우투의 아들 마르두크의 손에 죽임을 당하고 말았다. 그 과정에서 마르두크는 사악한 바람을 일으켜 티아마트를 무방비 상태로 만든 뒤 화살을 쏘아 목숨을 끊어버렸다. 그러고는 지팡이로 티아마트의 머리를 공격하고 혈관을 잘라버렸다. 그런 뒤 그 몸을 둘로 갈라 갈비뼈로 하늘의 둥근 천장을 만들었는데, 꼬리는 은하수가 되었고, 흐느낀 두 눈에서 유프라테스 강과 티그리스 강이 생겨났다. 킨구는 마르두크에게 목이 잘렸다. 마르두크는 킨구의 피와 티아마트의 몸으로 이루어진 땅의 붉은 흙을 섞어 사람을 만들어 신들을 위해 일하게 했다.

티아마트는 주로 용이나 용의 꼬리를 가진 모습으로 묘사된다. 하지만 〈에누마 엘리시〉에서는 그 모습을 명확히 확인하기 어렵다. 꼬리와 허벅지가 있고 하반신은 동시에 움직이며, 복부, 유방, 갈비뼈, 목, 머리, 눈, 콧구멍, 입과 입술 그리고 내장기관으로는 심장, 동맥, 피가 있다고 되어 있다.

문화권마다 마르두크가 티아마트를 죽이는 이야기와 비슷한 신화가 존재한다. 여호와가 리바이어던을 죽이고, 닌우르타가 안주와 싸워 이기고, 바알이 바다의 신 얌을 물리치고, 아폴론이 피톤을 쏴 죽이고, 헤라클레스가 라돈과 히드라를 쓰러뜨리고, 성 조지가 용을 무찌른 이야기를 비롯해 중세기에는 용을 죽이는 갖가지 신화가 등장한다. 이러한 신화는 인류가 모계 중심 사회에서 부계 사회로 변화해가는 과정을 반영한다고 볼 수 있다. 티아마트와 용 같은 고대의 괴물 형상은 과거 오랫동안 숭배의 대상이었던 위대한 어머니 여신에 뿌리를 두기 때문이다. 숭배의 중심에는 여성이 있었으며 여신들은 숭고하고 온화했다. 그런 여신들이 신화 속에서 폭력적이고 악명 높게 묘사되면서 남신 영웅들에게 끊임없이 정복당하고 죽임당했다. 이는 남신 중심의 신앙이 여성 중심의 모신(母神) 신앙을 무너뜨리는 과정을 그대로 보여준다.

# 2

# 이집트 신화

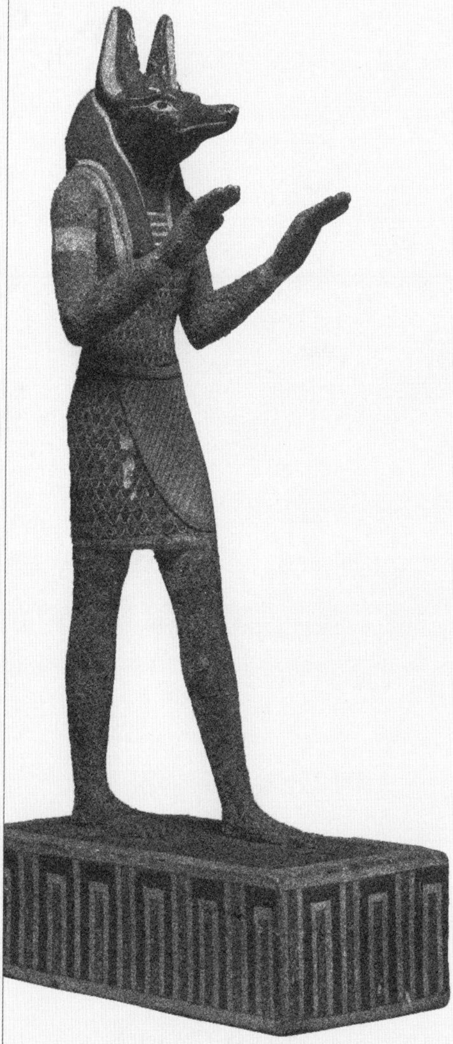

# 베스
Bes

덴데라 신전의 베스 부조상

베스(Bes)는 이집트의 신이다. 우스꽝스러운 외모의 난쟁이였지만 음악과 춤, 유머, 성(性) 생활의 수호신으로 여성에게 인기가 높았다. 동시에 집, 여자와 어린이, 출산의 수호신으로 장신구나 거울, 화장실 장식으로 많이 사용되었으며 누비아에서 들어왔다.

두 쌍의 날개를 달고 머리에는 아테프(Atef) 관을 쓴 베스는 베스 판테오스(Bes Pantheos)로도 불린다. 청동 조각상, 부조 외에도 마법 보석에 많이 새겨졌는데 호신용 부적 역할을 했다. 위쪽에는 숫양의 뿔, 성스러운 뱀 우라에우스, 태양 원반이 그려져 있다. 두 쌍의 날개가 나란히 달려 있으며, 꼬리는 두 개인데 하나는 새의 꼬리털이고 또 하나는 악어 꼬리다. 발은 자칼의 머리 모양이다. 보석 뒷면에는 그리스어로 주문이 새겨져 있었다.

# 아누비스
Anubis

프롤레마이오스 왕조 시기의 아누비스 조각상

(BC 332-30)

아누비스(Anubis)는 그리스인들이 부르던 이름으로, 이집트 고대문자를 그리스어로 옮겨 적은 것이다. 고대 이집트어로는 '아나파'[a.ˈna.pʰa]로 발음한다. 아누비스는 갯과 동물이거나 혹은 갯과 동물의 머리가 달린 인간 모습으로 그려진다. 과거 고고학자들은 이 갯과 동물을 아시아 황금자칼이라 여겼지만 현재는 아프리카 자칼로 보는 것이 일반적이다.

이집트 초기왕조 시기에 아누비스는 완전한 동물의 모습을 하고 있었다. 이어 고왕국 시기에는 가장 중요한 죽음의 신 자리에 올랐다가, 중왕국 시기에 이르러서야 오시리스(Osiris)에게 그 자리를 내주었다. 로마의 지배를 받던 시기에는 죽음의 신으로서 죽은 자의 손을 잡고 오시리스가 있는 곳에 도착하는 장면이 등장한다. 신(神)으로서 지위 변화와 함께 아누비스의 혈연관계 역시 몇 차례 변화를 겪는다.

초기 신화에서 아누비스는 태양신 라(Ra)의 아들로 등장한다. 후대에 와서는 암소의 여신 헤사트(Hesat)나 바스텟(Bastet)의 아들, 라와 네프티스(Nephthys)의 아들로 나온다. 또 오시리스와 네프티스의 아들인데 이시스(Isis)가 맡아 키웠다고도 전해진다. 아누비스는 보통 검은색으로 형상화되는데 검은색은 생식 능력과 환생을 상징한다. 또한, 시체를 미라로 만든 후의 색이며 나일강의 비옥한 진흙색을 의미하기도 한다.

# 013

# 암미트

Ammit

『사자의 서』에 등장하는 암미트(BC 1300)

암미트(Ammit)는 아뮤트(Ammut)라고도 부르는데 '먹어치우는 자', '사자(死者)를 먹는 자'를 의미한다. 악어나 개의 머리에, 상반신은 사자나 표범, 하반신은 하마의 모습을 한 괴물이다.

　사람이 죽으면 그의 심장은 저승 두아트(Duat)에 있는 저울의 심판을 받는다. 이때 만약 그 심장이 여신 마아트(Maat)의 조각상이나 여신을 상징하는 타조 깃털보다 무거우면 곧바로 암미트의 먹이가 된다. 암미트가 삼킨 자는 천국 아아루(Aaru)에 들어갈 수 없다. 다른 설에 따르면 암미트는 죽은 자를 통째로 삼킨 뒤 심장만 불 호수에 던지는데 그 불 호수를 암미트가 지킨다.

# 타와레트
Tawaret

이집트의 채색 유약을 칠한 타와레트 여신상

(BC 4세기)

여신 타와레트(Tawaret)는 타워렛(Taweret)이라고도 부르는데 '위대한'이라는 뜻이다. 하마의 머리와 악어의 등과 꼬리, 사자의 뒷다리, 임신한 배를 가지고 있다. 출산과 회춘을 담당하며, 임산부와 갓난아기의 수호신이다. 손에는 'Ω' 모양의 부적 고리를 들고 있다. 하마에 대한 이집트인의 숭배는 선왕조(先王朝) 시대에 이미 시작되어 로마의 통치를 받던 시대까지 이어졌으며 이후 누비아와 레반트 지역, 미노스 문명에 영향을 주었다.

# 015

# 아펩

Apep

람세스1세-2세 통치 시기의 것으로 추정되는
벽화 속 아펩

아펩(Apep)은 아포피스(Apophis)라고도 부른다. 혼돈의 신이며, 태양신 라의 오랜 적수로 매일 태양을 삼키려고 한다. 아펩은 해가 지는 산에서 매일 라를 기다리는데 눈빛만으로 라를 포함한 신들을 일시에 제압할 수 있다. 아펩이 움직이면 지진이 일어나며, 그와 세트(Seth)가 싸우면 폭풍우가 몰아친다. 라를 지키기 위해 라의 일부인 바스테트(Bastet)가 고양이로 변신해 아펩을 잡아 죽인다.

# 벤누

Bennu

벤누 판각(BC 2세기)

초기 이집트인은 긴발톱 할미새를 태양신의 최초 형태인 아툼 (Atum)의 상징으로 여겼으며 이는 벤누(Bennu)의 초기 형태이기도 했다. 이집트 신왕국 시대에 이르러 벤누는 긴 주둥이에 두 개의 깃털이 달린 관을 쓴 왜가리로 묘사되었다. 벤누는 벤벤(Benben) 돌 [石]이나 버드나무에 자리 잡고 살았다. 벤벤 돌은 태양신 라와, 버드나무는 오시리스와 관련이 있다 보니 벤누는 아테프(Atef) 관을 쓰고 등장하기도 한다. 벤누의 원형인 이 같은 모습의 왜가리는 과거 아라비아 반도에서 광범위하게 서식했는데 지금은 멸종했다.

　벤누는 고대 이집트 도시 헬리오폴리스에서 숭배의 대상이었으며, 피닉스 신화는 벤누에서 유래했다고 전해진다. 헤로도토스가 전하는 바로는 헬리오폴리스 사람들이 피닉스를 언급한 적이 있는데, 그 모습이 붉은색과 금색 깃털을 지닌 매와 상당히 유사했다. 피닉스는 보는 이들에게 태양을 떠올리게 하는 새로서, 500년 동안 살다가 죽는다. 그 자손이 몰약(沒藥)으로 둥근 알을 만들어 그 안에 구멍을 판 뒤 어미 새의 주검을 넣고는 다시 몰약으로 입구를 막는다. 그리고 그 몰약을 가지고 아라비아에서 헬리오폴리스까지 날아가 태양신 신전에 모신다.

# 017

# 바

Ba

프톨레마이오스 왕조 시기

바의 조각상(BC 332-30, 혹은 그 이후)

바(Ba)는 일반적으로 사람 머리를 가진 새인데, 사람 머리를 한 매로 보기도 한다. 초기에는 영혼을 뜻했다가 이후에는 각종 괴물의 화신으로 여겨졌다. 모든 신은 각자 자신의 '바'를 가지고 있는데 멤피스의 창조 신화에서는 프타(Ptah)-오시리스가 라의 바이고, 헬리오폴리스 신화에서는 벤누가 라의 바로 나온다. 인간 역시 누구나 몸 안에 '바우'(Bau, '바'의 복수형)가 있다. 죽은 뒤 정식으로 의식을 치르고 미라가 되면, 그의 바는 낮에는 태양을 쫓아 날아갔다가 밤이 되면 땅속에 묻힌 자신의 육체로 되돌아온다.

# 서포파드

Serpopard

나르메르 왕의 팔레트에 나타난 서포파드 형상

이집트와 메소포타미아 신화에는 뱀처럼 긴 목을 가진 표범이 나온다. 표범의 몸에 뱀이나 용의 목과 머리가 달린 경우도 있는데 이를 서포파드(Serpopard)라고 부른다. 이집트에서 서포파드는 혼돈의 상징이며, 메소포타미아에서는 지하에서 생명을 생기게 하는 신이다.

3

# 그리스 신화

# 019

# 카프리코르누스
Capricornus

폴란드 천문학자 요하네스 헤벨리우스가 쓴 『소
비에스키의 천공』(*Firmamentum Sobiescianum*)에 나온 카
프리코르누스

카프리코르누스(Capricornus)는 라틴어로 뿔난 염소, 염소 뿔이나 염소와 비슷한 뿔이 난 생물을 의미한다. 가장 일반적인 모습은 황도 12개의 별자리 가운데 염소자리 형태인데 상반신은 염소이며 하반신은 물고기다. 12개 중 가장 괴이한 모습을 한 별자리로 어느 문화권에서도 찾아보기 힘든 염소와 물고기의 조합이다.

이런 형상은 수메르 문명 시기에 처음 출현했는데 지혜의 신 엔키(enki)를 상징한다. '엔키'(enki)에서 '엔'(en)은 수메르에서 대제사장을 부르는 호칭이었다가 후대에 국왕으로 의미가 바뀌고, '키'(ki)는 땅을 가리킨다. 따라서 글자 그대로 해석하면 엔키는 '땅의 왕'이 된다. 엔키는 인간에게 생존 기술과 문명의 건설 법칙을 전해주었으며, 물 밑에서 인류 최초의 도시인 에리두(Eridu)가 솟아오르게 했다고 전해진다. 엔릴이 대홍수를 일으켜 최초의 인류를 멸망시키려 하자 엔키는 인간 우트나피쉬팀을 구해준다. 이로써 엔키는 선한 신으로 인간의 숭배를 받는다.

엔키의 상징물은 본래 염소와 물고기인데 오랜 시간이 흐르면서 염소와 물고기 형상이 합쳐진 즉, 염소물고기(MULSUUR.MAŠ, The Goat-Fish)가 탄생했다. 청동기 시대 메소포타미아의 천문학에서는 이것이 동지(冬至)를 의미했다.

메소포타미아 천문학은 그리스 천문학에 큰 영향을 주었다. 염소물고기 전설 역시 그리스로 전해졌는데 그리스인은 이를 자신들 이야기로 새롭게 창작해냈다. 많은 염소물고기 전설 중에 다음 두 가지가 가장 널리 알려졌다.

첫 번째 전설로 염소물고기는 본래 제우스에게 젖을 먹였던 아말테이아라는 이름의 염소였다고 한다. 제우스의 아버지 크로노스는 자식들이 자기 자리를 빼앗을까 두려워해 자식들을 모두 삼켜버린다. 이에 그의 아내 레아는 돌과 제우스를 바꿔치기 한 뒤 크레타 섬의 깊은 산속 동굴에 제우스를 숨긴다. 그리고 염소 아말테이아에게 젖을 먹여 제우스를 키우게 한다. 그러던 어느 날 제우스가 장난을 치다가 아말테이아의 뿔 하나를 부러뜨리는데 이 뿔이 바로 신화에 등장하는 '풍요의 뿔'이다. 바로 여기서 '카프리코르누스'(Capricornus, 염소 뿔)라는 라틴어 이름이 유래했다. 또는 뿔 하나를 잃은 아말테이아가 전설 속 유니콘이 되었다는 설도 있다.

두 번째 전설이 더 널리 알려졌는데, 어느 날 신들의 연회 자리에 갑자기 괴물 티폰이 나타나 마구 행패를 부리기 시작했다. 당황한 신들은 어찌할 바를 모르며 각기 동물로 변신해 도망치기 바빴다. 그중 산림의 신 판(Pan)은 물속으로 뛰어들면서 물고기 꼬리를 만들어 달고 도망쳤다. 본래 판은 반은 인간이고 반은 염소의 모습을 한 신이었다. 여기에 물고기 꼬리가 더해지자 반은 염소이고 나머지 반은 물고기인 지금의 형태가 된 것이다.

그 영향으로 유럽의 염소자리 역시 염소와 염소물고기의 중간 형태를 보인다. 심지어 염소의 하반신이 염소 뿔 하나, 소라 껍데기, 구름으로 이루어지는 등 기괴하게 변형된 모습도 다양하게 출현한다. 그 외 중동 지역에서도 보통의 염소 외에 염소물고기 형태가 등장하는데, 여기에 새 발톱이나 새 날개 같은 새로운 부분이 추가되는 일도 종종 있다. 염소물고기 형상은 인도에도 전해져 인도 본토의 색깔을 입은 마카라(Makara)가 출현하는데, 마카라 역시 카프리코르누스로 볼 수 있다. 인도 신화에서 마카라는 물의 신이나 강의 신이 타고 다니는 괴물이다. 그 모습은 하나로 정해져 있지 않으며, 고래나 악어, 인더스 강 돌고래 등에서 그 원형을 찾을수 있다. 간혹 이 동물들의 특징이 뒤섞여 나타나거나 여기에 코끼리 코, 공작의 꼬리털 등이 추가되기도 한다. 과거 카프리코르누스처럼 반은 염소, 반은 물고기인 형상이 인도에 아예 없었던 건 아니다. 무굴 제국 시기에 상반신은 인도 영양, 하반신은 예술적으로 과장된 모습을 한 악어 그림이 출현한 바 있다.

이 외에도 카프리코르누스 형상은 중국에도 영향을 끼치면서 '어화용'(魚化龍), '이문'(螭吻, 용의 아홉 아들 중 하나) 등의 비슷한 존재를 떠올리게 하는 전설이 생겨난다. 또한, 티베트 지역에서도 '추-스린'(chu-srin)이라 부르는 코끼리 코를 가진 용이 건축물 추녀나 창무희극(羌姆戲) 가면으로 그 모습을 드러낸다. 바다 건너 일본으로 전해지면서는 호랑이 머리에 물고기 몸을 한 괴물에 관한 전설로 바뀐다.

# 020

# 히포캄포스

Hippocampus

니콜라스 데 브륀의 판화 〈환상적인 수생동물,
해마 히포캄포스까지〉(Fantastische waterdieren, onder
andere zeepaard)

히포캄포스(Hippocampus)는 히포캠프(Hippocamp) 혹은 히포캄포이(Hippokampoi)라고도 부른다. 그리스어 '히포'(hippo)와 '캄포스'(campus)가 합쳐진 형태다. 'hippo'는 '말'을 의미하는 'hippos'가 변형된 것이며, 'campus'는 바다괴물, 바다 생물을 가리킨다. 두 글자를 조합하면 '바다의 말'을 뜻한다.

일반적으로 히포캄포스는 상체는 말, 하체는 물고기 모습을 하고 있다. 간혹 가슴과 앞발굽이 물고기의 것인 변형된 형태도 있지만 머리와 목은 여전히 말 모습이다. 하체의 물고기 꼬리는 상당히 긴데 뱀처럼 둥그렇게 감겨 있다. 반면 바닷물고기의 얼룩무늬, 반점, 지느러미를 갖고 있다. 이러한 형상은 소아시아, 그리스, 에트루리아, 로마의 장식용 그림이나 물건에서 자주 볼 수 있다.

히포캄포스의 기원은 소아시아 문명과 밀접하게 관련되어 있는데, 히포캄포스 형상이 최초로 등장한 곳 역시 소아시아 지역이었다. BC 4세기 고대 페니키아 티레 왕국이 발행한 동전에는 히포캄포스를 타고 있는 멜카르트(Melqart)의 모습이 등장한다. 멜카르트는 티레 왕국의 수호신이며 이 이름은 페니키아어에서 왕국의 왕을 의미했다. 멜카르트는 왕실의 선조로 여겨졌고 수메르 신화의 네르갈(Nergal)과 동일시되었다. 이후 그리스 신화의 헤라클레스와 혼동되기도 했으며 카르타고의 장군 한니발이 멜카르트를 숭배하기도 했다.

그리스 로마 신화에서 히포캄포스는 포세이돈을 비롯한 바다의 신들이 타고 있거나 신들의 마차를 끄는 모습으로 등장한다. 고대 그리스의 문학가 아폴로니오스의 『아르고나우티카』(Argonautica, 아르고 원정대)에는 바다의 신이 히포캄포스가 끄는 마차를 모는 장면이 나온다. 이 작품에서 이아손과 그 일행은 리비아의 트리토니스 호수에 도달한다. 이 호수는 님프의 소유였는데 이아손 일행이 바다로 향하는 수로를 발견하자 히포캄포스가 끄는 마차를 탄 암피트리테(Amphitrite)가 호수에서 솟구쳐 오른다.

고대 로마의 문학가 스타티우스는 저작 『테바이스』(Thebaid)에서 히포캄포스에 관해 상세히 묘사하고 있다. 넵투누스(Neptunus)는 히포캄포스를 몰고 가서 에게해를 넘치게 한다. 히포캄포스들은 말발굽으로 해안가의 모래를 두드리며, 그들의 물고기 꼬리는 물속을 가득 채운다. 이 같은 묘사는 사실상 해일 같은 자연 재해를 빗대어 표현한 것으로 보기 드문 비유는 아니다. 포세이돈은 바다의 신인 동시에 말의 신이기도 하며, 서양에서는 밀려드는 파도를 달려오는 말 떼로 자주 묘사한다. 이외에도 스타티우스는 자신의 미완성 서사시 〈아킬레이스〉(Achilleid)에서 넵투누스가 히포캄포스의 마차에 탄 장면을 다음과 같이 그린다. "잔잔한 해수면 위로 우뚝 솟은 바다의 신이 삼지창으로 히포캄포스 무리를 몰고 온다. 히포캄포스들은 앞발로 물보라와 물거품을 일으키며 빠르게 질주하고, 뒤꼬리는 거칠게 요동친 모든 흔적을 지워버린다."

이 같은 히포캄포스 형상은 중세기에도 등장한다. 히포캄포스는 르네상스 시기 특정 단체나 가문을 상징하는 문장(紋章)에 광범위하게 쓰였으며, 물을 상징한다는 의미에서 무사 출항을 기원하는 데 사용되기도 했다. 재미있는 사실 하나는 문장에 사용된 신화 속 히포캄포스는 '해마'(seahorse)라고 부르는 반면, 실제 생물인 해마는 문장학(가문의 문장과 역사를 연구하는 학문-옮긴이)에서 '히포캄포스'(Hippocampus)로 호칭한다는 점이다.

이 밖에도 스웨덴 신학자 마그누스(Olaus Magnus)는 베니스 군주와 주교에게 헌정하려고 제작한 해상지도인 '카르타 마리나'(Carta Marina)에 히포캄포스의 형상을 그려넣었다. 그의 설명에 따르면 히포캄포스는 그레이트브리튼과 노르웨이의 중간 해역에 출몰한다. 머리는 말과 비슷하고 말 울음소리를 내며 소의 다리와 발을 하고 있다고 목격자들은 전한다. 덩치는 소만한데 물고기처럼 갈라진 꼬리가 달려 있다. 땅과 바다에서 먹이를 찾아다니며 보통은 싱싱한 풀이나 해초를 먹는다.

# 021

# 페가수스

Pegasus

그리스 라코니아에서 발견된 고대 그리스의 술
잔 킬릭스 안에 그려진 원형 그림. 왼쪽부터 페
가수스, 벨레로폰, 키마이라(대략 BC 570-565)

페가수스(Pegasus) 신화는 다양한 판본이 존재하는데 페가수스가
메두사의 목에서 탄생했다는 내용에서는 모두 일치한다. 신화 속
에서 메두사는 아테나 신전에서 포세이돈에게 희롱당한 뒤 임신
한다. 메두사는 목으로 임신한다고 알려졌는데, 페르세우스에게
잘린 메두사의 목에서 페가수스와 거인 크리사오르가 태어난다.
또는 목에서 흘러나온 피에서 탄생했다고도 한다. 다른 설로는 메
두사의 피와 바다의 물거품이 합쳐지면서 둘이 생겨났다고도 전
해진다.

 사실 포세이돈의 내력에 관해 모른다면, 포세이돈과 메두사 사
이에서 페가수스가 태어났다는 신화가 어떤 의미인지 이해하기
어려울 수 있다. 포세이돈은 대표적인 바다의 신인 동시에 지진의
신, 말의 신이기도 하다. 그리스 신화에서는 지진과 화산 등의 자
연재해가 거인의 소행으로 여겨지는 때가 많았다. 그렇다 보니 포
세이돈의 자손 중에는 유독 거인이 많았다. 동시에 포세이돈은 말
의 신으로 인류에게 최초로 말을 보내주었기에 자손이 페가수스
가 될 수 있었다.

 알고 보면 페가수스라는 이름 자체가 그 바다 혈통을 그대로 드
러낸다. 고대 그리스 시인 헤시오도스는 페가수스(pegasus)의 어원
을 '샘'이나 '우물'을 의미하는 '페게이'(pēgē)로 보았다. 오케아노스
라는 샘구멍이 바로 페가수스의 탄생지다. 또는 그 이름이 고대 아
나톨리아에서 루위족 신이었던 '피하사씨'(Pihassassi)에서 유래했다
고도 하는데 이는 '번개'를 의미한다. 이후 페가수스는 올림포스로
올라가 제우스에게 번개와 천둥을 운반해주면서 제우스의 말이

된다. 이 외에도 페가수스를 에로스의 말로 보기도 하는데, 여러 별 사이를 질주하면서 하늘의 말로 불린다.

페가수스와 관련하여 자주 언급되는 이름이 있다. 벨레로폰(Bellerophon)은 고대 그리스 신화에 나오는 영웅인데 올림포스 신의 직계 혈통은 아니라는 점에서 다른 그리스 영웅들과는 달랐다. 그의 할아버지는 지혜로우나 신들의 벌을 받은 시시포스였다. 이런 이유로 제우스는 벨레로폰이 신들의 모임에 참석하기 위해 페가수스를 타고 올림포스로 오려 하자 등에를 보내 그를 저지한다. 후에 이 등에는 제우스가 하늘로 올려 파리자리가 된다. 사실 처음에는 벨레로폰도 신들의 보살핌을 받았다. 아테나는 벨레로폰이 괴물 키마이라를 물리치러 갈 때 포세이돈에게 제사를 지내라고 알려주고 황금 말고삐까지 건네주면서 그를 도왔다. 벨레로폰은 이 말고삐로 페가수스를 길들이는 데 성공하면서 하늘을 나는 페가수스를 타고 무사히 키마이라를 죽여 없앤다.

페가수스는 온통 새하얀 말인데 헤시오도스는 날개가 달려 있지 않다고 보았다. 반면 고대 그리스 시인 판다로스(Píndaros)나 고대 아테네 비극 시인 에우리피데스(Euripides) 등은 분명 날개가 있다고 주장했다.

오케아노스라는 샘구멍에서 탄생했다는 전설 때문인지 페가수스가 말굽으로 땅을 차서 샘이 생겨났다는 이야기가 다수 존재한다. 전해지는 바로는 페가수스는 태어나자마자 헬리콘 산꼭대기를 말굽으로 걷어찼고 그곳에서 히포크레네 샘이 솟아났다. 트로이젠, 페이레네 샘에도 비슷한 전설이 전해진다. 히포크레네 샘은 시인들이 시적 영감을 얻는 곳으로 뮤즈의 샘으로도 알려졌다. 페가수스가 이 샘에서 물을 마시고 있다가 벨레로폰에게 잡혔다고도 하는데, 그런 이유로 후대에 뮤즈의 말로 불렸다.

# 켄타우로스
Centaurs

켄타우로스와 라피타이인의 부조(BC 447-438).
본래 아테네 파르테논 신전 남측에 있었는데 이
후 영국으로 옮겨졌다.

켄타우로스(Centaurs)의 탄생 신화는 판다로스와 아폴로도로스(Apollodoros), 디오도로스(Diodoros Cronos) 모두 비슷하게 전한다. 테살리아의 왕 익시온은 헤라를 보고 첫눈에 반해 불경한 욕망을 품는다. 이 사실을 헤라가 제우스에게 알리자 제우스는 구름으로 헤라의 형상을 만들어 네펠레라고 이름 붙인다. 이를 모르는 익시온은 네펠레와 사랑을 나누고 그 사이에서 켄타우로스가 탄생한다. 익시온은 그 대가로 제우스에게 수레바퀴에 묶이는 형벌을 받는다. 다른 전설에 따르면 네펠레가 낳은 아들이 마그네시아의 암말과 정을 통해 켄타우로스 종족이 태어난다. 또는 켄타우로스는 익시온과 그가 키우던 암말의 후손이라는 설도 있다. 이 밖에도 말로 변신한 제우스가 익시온의 아내를 유혹한 결과 켄타우로스가 탄생했다고도 전해진다.

또 다른 전설에 의하면 사이프러스에도 켄타우로스가 살았는데, 아프로디테가 제우스의 구애를 거절하자 제우스가 자신의 종자를 사이프러스 땅에 뿌렸고 거기에서 켄타우로스가 태어났다. 이곳의 켄타우로스는 머리에 뿔이 나 있다.

켄타우로스는 테살리아의 마그네시아와 펠리온 산, 엘리스의 상수리나무 숲, 라코니아 남부의 말리아 반도에 주로 살았다고 전해진다.

라피타이족(Lapithai, 그리스 신화에 등장하는 부족으로 그리스 북부 테살리아의 펠리온 산 부근에 살았다고 한다—옮긴이)과 켄타우로스 사이의 전쟁은 이후 수많은 고대 그리스 예술작품의 단골 소재가 되었다. 켄타우로스는 그리스 신화에서 야만적인 종족으로 그려지는데 특히 술을 무척 즐겼다. 라피타이족의 왕 페이리토오스는 익시온의 아들이며 켄타우로스와는 친척 관계였다. 페이리토오스는 히포다메이아와 결혼하면서 켄타우로스 무리도 연회에 손님으로 초대한다. 그런데 포도주를 마시고 거나하게 취한 켄타우로스가 결혼식장을 아수라장으로 만들고는 신부까지 빼앗아 달아나려 한다. 그러자 다른 켄타우로스들도 여성들을 하나씩 가로채기 시작한다. 결국 두 종족 간에 싸움이 벌어지고 라피타이족은 테세우스의 도움으로 켄타우로스를 물리친다. 이 이야기는 당시 그 지역의 약탈혼 풍습에서 비롯되었다고 전해진다.

고대 그리스에서 켄타우로스는 세 가지 모습으로 형상화되었다. 말 머리와 목 대신 인간의 상반신이 들어가 있는 형태와 인간의 상반신에 말의 하반신이 이어진 모습 그리고 앞다리에 말발굽이 달린 모습으로 그려진다. 이후 날개 달린 인간 말의 모습도 등장한다.

고대 로마의 학자이자 작가 플리니우스(Gaius Plinius Secundus)는 저서 『박물지』에서 켄타우로스 전설을 합리적으로 설명하고자 했다. 그에 따르면 당시 테살리아인이 말의 등에 타서 적과 싸우는 방법을 처음 개발했는데 그들을 켄타우리(Centauri)라 불렀고 펠리온 산에 주로 거주했다.

후대 사람들은 이를 좀 더 구체적으로 설명했다. 말에 올라타 사냥하는 것은 테살리아인의 전통 풍습으로 초기 테살리아인은 말 등 위에서 평생을 보낸다고 할 정도로 자주 말을 탔다고 한다. 이러한 모습이 주변 민족에게 인간과 말이 합쳐진 것 같은 인상을 남겼고 이것이 와전되면서 켄타우로스의 전설이 탄생했다는 설명이다.

고대 로마의 시인이자 철학자 루크레티우스(Titus Lucretius Carus)는 저서 『만물의 본성에 관하여』에서 이렇게 분석했다. 그의 설명에 따르면, 말은 3살이면 이미 어른 말로 성장하는데 비해 인간은 3살이면 고작 갓난아기보다 조금 클 뿐이다. 이처럼 각기 다른 발육주기를 고려할 때 인간과 말이 합쳐진 생물이 존재하는 건 불가능하다는 것이다.

현대의 학자들은 고대 인도-유럽족 관점에서 이 전설을 풀었는데, 그리스 이전 시대 고대 인도-유럽족이 말을 그 상징물로 삼아 대지를 숭배한 데서 켄타우로스 전설이 유래했다고 본다. '켄타우로스'(Centaurs)라는 글자의 기원은 확실치 않지만 'kentaurs'는 '황소를 죽인 자'를 의미하며. 네펠레 마을에서 온 궁수가 익시온 왕을 공격하려는 황소를 쏴 죽이면서 그 이름을 가지게 되었다.

# 트리톤
Triton

트리톤(Triton)은 그리스 신화에서 바다의 신 포세이돈과 그의 아내 암피트리테의 아들로 나온다. 일반적으로 상반신은 사람이고 하반신은 물고기의 모습을 하고 있다. 인어와는 조금 다른 모습인데 지느러미가 많이 붙어 있는 게 특징이다. 보통 인어는 꼬리지느러미만 있는 단순한 형태로 그려진다.

신화에서 트리톤은 두 가지 도구를 꼭 지니고 등장한다. 하나는 아버지 포세이돈과 관련 있는데 작살이 변한 것으로 바다의 권위를 상징하는 삼지창이다. 또 하나는 소라고둥 나팔이다. 그 소리는 귀를 찌르는 동시에 엄청나게 커서 마치 깊은 바닷속에 잠든 거대한 짐승의 울부짖음처럼 들린다. 거인을 날려 버릴 정도며, 파도를 일으키거나 잠재우고, 밀물과 썰물을 일으킨다.

트리톤의 독특한 모습에서 트리톤스(Tritons)라는 종족이 생겨나기도 했다. 고대 그리스의 역사학자이자 지리학자 파우사니아스는 자신의 작품에서 트리톤스의 모습을 이렇게 묘사했다. "트리톤스는 머리에 늪지 개구리의 털이 나 있는데, 이 털은 얼굴색과 비슷한데다 모두 하나로 이어져 있다. 나머지 다른 피부는 하나같이 상어껍질처럼 꺼칠꺼칠하다. 볼이 귀 아래에 있지만 코도 있다. 입은 인간의 입보다 넓으며 산짐승처럼 날카로운 이빨이 가득 돋아 있다. 눈은 파란색이고, 손과 손가락, 손톱은 뿔 고둥을 닮았으며, 배 윗부분에 돌고래의 꼬리가 달려 있다."

# 024

# 케크롭스
Cecrops

아테네에서 발견된 아테나, 케크롭스, 가이아의
도판(陶板) (BC 500-450)

케크롭스는 아테네의 전설적인 왕이다. 고대 그리스의 지리학자이자 역사학자 스트라보는 '케크롭스'(Cecrops)가 그리스어에서 유래한 단어가 아니거나 또는 'cerc-ops'(꼬리-얼굴)을 뜻한다고 보았다. 전설에 따르면 케크롭스는 대지에서 태어났으며, 인간의 몸에 뱀의 꼬리나 물고기의 꼬리를 지녔다. 아테네를 건국한 최초의 왕으로, 아테네인에게 결혼 및 장례 의식과 관련된 지식을 전해주었고, 읽기와 쓰기도 가르쳤다. 이는 메소포타미아 신화에 나오는 일곱 현자를 떠올리게 한다. 현자들 역시 인간의 몸에 물고기 꼬리를 가지고 있었으며 인간에게 지식을 전수하고 그들의 왕이 되었다. 이들과 비슷한 모습의 신 에아 또한 인간을 위해 도시 에리두를 건설했다.

전해지는 바로는 최초로 제우스를 숭배한 사람이 바로 케크롭스이며 처음으로 제단과 신상(神像)을 세웠다. 그는 사람들에게 쇠뿔 모양의 빵을 제물로 바치게 하면서 그 외의 것은 모두 금했다.

케크롭스는 인간을 케크로피스(Cecropis), 오토체톤(Autochthon), 액테아(Actea), 파랄리아(Paralia)라는 네 부족으로 나누었다. 어느 날 아테네의 수호신 자리를 두고 아테나와 포세이돈이 경쟁했다. 둘은 달리기 경주로 승패를 가리기로 한 뒤 아테네 성을 향해 달리기 시작했다. 마지막에 케크롭스가 아테나의 승리로 결론지으면서 아테나가 아테네 성의 수호신이 되었다.

# 025

# 미노타우로스
Minotaur

킬릭스 술잔 내부의 원형 그림(BC 515)

'미노타우로스'(Minotaur)는 합성어로 앞부분 'Minos'는 크레타의 왕 미노스를 가리키며, 뒷부분 'taur'는 'taurus'의 줄임말로 황소라는 뜻이다. 둘을 합치면 '미노스의 황소'가 된다.

전설에 의하면 미노타우로스는 크레타 섬에서 태어났다. 미노스왕은 자신의 형이자 크레타의 왕이었던 라다만티스를 왕위에서 끌어내린 뒤 자신의 왕권을 공고히 하기 위해 바다의 신 포세이돈에게 기도를 올린다. 그 기도에 대한 응답으로 포세이돈은 미노스에게 희고 튼튼한 황소를 한 마리 보내고 이후 자신에게 제물로 바치라고 명한다. 그러나 미노스왕은 그 황소를 숨겨 놓고 다른 황소를 죽여 제사를 지낸다. 이를 모를 리 없는 포세이돈은 미노스왕의 왕비인 파시파에(Pasiphae)에게 저주를 걸어 황소를 사랑하게 만든다. 왕비는 전설적인 장인 다이달로스를 시켜 속이 빈 나무 소를 만들게 한 뒤 그 속에 숨어 황소와 관계를 가진다. 그 사이에서 반은 사람이고 반은 소인 미노타우로스가 태어난다. 파시파에는 미노타우로스를 정성껏 키우지만 결국은 성격이 포악하고 인간을 잡아먹는 괴물로 자란다. 이에 미노스왕은 델피의 신탁에 따라 다이달로스에게 미궁(迷宮)을 짓게 하고 미노타우로스를 그 안에 가둔다.

그러던 어느 날 미노스왕은 죽은 아들의 원수를 갚기 위해 아테네를 공격한다. 그러자 아테네인 역시 델피의 신탁을 구했는데 매년 크레타에 일곱 쌍의 소년과 소녀를 바쳐야 한다는 말을 듣는다. 제물로 바쳐진 이들은 미노스왕이 미궁으로 보내 미노타우로스의 먹잇감이 되고 만다. 이를 보다 못한 아테네의 영웅 테세우스는 스스로 제물이 되겠다고 나선다. 떠나기 전 테세우스는 사랑의 여신 아프로디테에게 제사를 올린다. 크레타 섬에 도착한 테세우스의 모습을 본 미노스왕의 딸 아리아드네는 한눈에 반해 테세우스에게 실 뭉치와 예리한 검을 건네준다. 그리고 테세우스는 그 실 뭉치를 미궁 입구에 묶어 두고 안으로 들어가 검으로 단번에 미노타우로스를 물리치고 무사히 미궁을 빠져나온다.

신화 속에는 언제나 역사적 실마리가 숨어 있다. 고대 크레타 섬은 실제로 황소 숭배 사상으로 유명했다. 황소는 물건이나 조각상, 벽화에도 표현되었으며 소싸움도 크게 성행했다. 또 황소는 재앙을 막아주는 상징물로도 여겨졌다. 이 같은 황소 숭배 사상은 고대 근동 문명의 영향을 받은 것으로 보인다.

# 026

# 이크티오켄타우로스

Ichthyocentaurus

조르조 바사리의 〈토성이 제공한 지구의 첫 번째 과일〉(The first fruits from earth offered to Saturn). (1555-1557년)

그리스 신화에서 이크티오켄타우로스는 인어와 켄타우로스의 특징을 동시에 지닌 전설의 생물로 등장한다. 예술 작품에서는 인간의 상반신에 말의 앞다리와 물고기의 꼬리를 가졌고, 머리에는 바닷가재나 게의 집게발이 달린 모습으로 표현된다. '이크티오켄타우로스'(Ichthyocentaurus)라는 이름은 '이크티오'(ichthyo)와 '켄타우로스'(centaur)가 합쳐진 말이다. '이크티오'는 물고기란 뜻의 그리스어(ιχθύς)에서 유래했으며, '켄타우로스'는 글자 그대로 켄타우로스를 가리킨다.

이크티오켄타우로스가 페니키아 신화에서 유래했다고 보는 이들도 있다. 페니키아 신화에서 아스타르테(Astarte)는 탄생한 후 다곤(Dagon, 풍작의 신으로 고대 근동지방에서 널리 숭배했다—옮긴이)과 비슷하게 생긴 성스러운 물고기에 의해 땅 위로 올려진다. 아스타르테는 풍요와 다산의 여신으로 메소포타미아 신화 속 금성의 여신인 이슈타르와 그리스 신화의 아프로디테와 기원이 같다.

그리스인이 왜 인어와 켄타우로스 형상을 합쳤는지는 좀 더 연구가 필요하다. 그리스 신화에서 가장 유명한 이크티오켄타우로스는 아프로스(Aphros)와 비토스(Bythos) 형제이며, 아프로스는 '바다 거품'을, 비토스는 '바다의 깊이'를 의미한다. 이들의 아버지는 크로노스(Kronos)고 어머니는 필리라(Philyra), 가장 현명한 켄타우로스 케이론(Cheiron)과는 형제지간이다. 과거 콤마게네(Commagene) 왕국의 제우그마(Zeugma)에서 발견된 작품에서는 아프로디테의 탄생 장면에서 이들 형제가 여신의 조개껍데기를 바다 위로 들어올리는 모습으로 등장한다. 형제 가운데 아프로스를 아프로디테의 양아버지로 보는 견해도 있다.

두 형제는 항상 함께 등장하는데 디오니소스와 관련된 이야기가 전해진다. 호메로스의 기록에 따르면, 리쿠르구스왕이 트라케를 통치하고 있을 무렵 아직 아이였던 디오니소스는 숲의 요정(님프)들 손에서 길러졌다. 어느 날, 산에서 사냥하던 리쿠르구스왕은 이들과 우연히 마주치고 화살을 조준해 쏘기 시작한다. 목숨이 위태로워진 디오니소스는 바다로 뛰어드는데 이때 아프로스와 비토스의 보호를 받는다.

또는 아프로스와 비토스 형제를 별자리와 연관 지어 물고기자리를 구성하는 한 무리의 항성으로 보기도 한다.

# 027

# 레르나의 히드라

Lernaean Hydra

네덜란드 약제사 알베르투스 세바가 1734년 출
간한 백과사전에 들어 있는 히드라 삽화

히드라(Lernaean Hydra)에 관한 가장 유명한 이야기는 헤라클레스와 관련된 신화다. 히드라 퇴치는 헤라클레스의 열두 과업 중 두 번째였다. 헤라클레스에게 죽임당한 뒤 히드라는 하늘로 올라가 물뱀자리가 된다.

흔히 히드라는 머리가 9개 달린 뱀으로 묘사되는데, 신화마다 머리 개수는 조금씩 차이가 있다. 초기 형상은 머리가 6개였는데, 고대 그리스 시인 알카이오스는 머리를 9개로 묘사하기 시작했다. 한 세기 후 고대 그리스 시인 시모니데스는 자신의 작품에서 히드라의 머리수를 50개까지 늘려 놓는다.

위(僞) 아폴로도루스의 설명에 따르면 히드라의 머리에서 8개는 베어 없앨 수 있지만 나머지 1개는 불사의 머리다. BC 1세기 고대 그리스의 역사학자 디오도로스 시켈로스는 히드라를 몸 하나에 100개의 목이 달린 뱀으로 형상화했는데, 목에는 각기 뱀 머리가 하나씩 붙어 있다. 반면 BC 2세기 그리스의 역사학자이자 지리학자 파우사니아스에 따르면 히드라는 보통의 물뱀보다 몸집이 다소 크고 치명적인 맹독을 지닌 물뱀으로 머리는 한 개뿐이다. 과거 음유시인들이 듣는 이들을 두려움에 떨게 하여 노래가 인기를 끌게 하려고 히드라의 머릿수를 과장해서 늘렸다는 것이다.

또한, 고대 로마의 시인 오비디우스가 묘사한 히드라는 100개의 머리가 있고 하나가 잘리면 그곳에서 두 개의 머리가 새로 생겨난다. 이에 비해 플라톤이나 에우리피데스, 베르길리우스 등은 히드라의 머리 숫자를 구체적으로 언급하지 않고 매우 많다고만 기록했다. 헤라클레스와 히드라의 싸움 역시 고대 그리스에서 만들어진 흑색상(Black figure) 도기의 단골 소재였는데 역시나 머릿수가 일정하지 않다. 7개, 9개, 13개 등 그 개수가 각기 다른데 세월이 흐를수록 점점 늘어나는 경향이 있다.

한편 오비디우스가 언급한 것처럼 히드라는 놀라운 재생 능력을 갖고 있어서 머리가 잘리면 그 자리에서 새로운 머리가 생긴다. 히드라의 이러한 능력을 최초로 언급한 사람은 에우리피데스인데, 머리를 하나 잘라내면 새로 두 개가 자란다고 했다. 디오도로스 시켈로스, 팔라에파토스, 오비디우스 등도 비슷하게 이야기했는데 세르비우스만 히드라의 머리 하나가 잘리면 그곳에서 세 개가 새로 솟아난다고 했다.

히드라를 물리치기 위해 헤라클레스가 사용한 방법과 관련해서는 다양한 이야기가 전해진다. 불화살을 쏘아 죽였다거나, 벌겋게 달아오른 인두로 지졌다거나, 활활 타는 횃불로 물리쳤다고 한다. 또는 히드라 주변 나무에 불을 질렀다고도 하고, 히드라 자신의 독을 묻힌 화살로 치명적인 상처를 주었다고도 전해진다. 히드라에게는 불사의 머리가 하나 있다고 알려졌는데, 헤라클레스가 마지막에 거대한 바위를 들어 올려 그 머리를 눌러버린다.

히드라의 출생 배경에 대해서는 헤시오도스의 견해가 일반적인데, 티폰(Typhon)과 에키드나(Echidna)의 후손으로 헤라가 길렀다. 아르골리스 해안가 근처 레르나 호수 혹은 늪지에서 서식하는데 보통 늪지에서 나와 양을 잡아먹거나 땅을 파괴한다. 히드라 별자리는 메소포타미아 별자리 중 뱀자리에 해당한다. 히드라같이 머리가 여럿 달린 뱀 형상은 메소포타미아에서 유래했다. 메소포타

미아 신화에서 전쟁과 사냥의 신인 닌우르타가 원정길에 열한 가
지 괴물을 죽이는 내용이 나오는데 그중 하나가 머리 일곱 개 달
린 뱀이었다.

# 028

# 고르곤
Gorgon

그리스 코르푸 섬 아르테미스 신전에 있는
고르곤 부조

고르곤(Gorgon)은 고대 그리스에서 널리 유행하던 괴물 형상이다. 주로 물건이나 건축물에 장식물로 쓰여 공포나 압박, 위협을 상징했다. 고르곤이라는 이름은 '두려움'이라는 뜻의 그리스어 '고르고스'(gorgós)에서 유래했다. 산스크리트어에도 비슷한 단어 'garjana'가 있는데 두 단어의 기원을 같게 보기도 한다. 두 단어 모두 마치 맹수가 울부짖는 소리와 같이 발음이 무척 특이한데 의성어에서 유래했을 가능성이 높다.

고르곤은 상당히 오랜 역사를 지니고 있는데 그 모습은 기원전 6000년 전 세스클로 문화 유적지에서 이미 출현했다. 고르곤 형상과 그 문화인류학적 기능 등을 고려할 때 메소포타미아의 전설상 괴물 훔바바(→1번 참조)와 관련된다고 보기도 한다. 하지만 자세히 살펴보면 고르곤은 훔바바와는 확연히 다른 특징을 지닌다. 고르곤의 입술 밖으로 나온 긴 이는 멧돼지의 어금니와 상당히 닮았으며, 이빨을 드러낼 때면 입을 벌린 채 과장되게 웃는 모양이 된다. 가끔 혀를 내민 모습도 보이는데 메소포타미아의 훔바바와 이집트의 베스(→11번 참조), 인도의 여신 칼리에게도 동일하게 나타나는 부분이다. 이처럼 눈을 부릅뜨고 혀를 내민 형상은 한때 다양한 문화권에서 비슷한 의미로 통했으리라 추측된다.

크게 뜬 고르곤의 눈은 아테나 여신과 문화적으로 관련성이 있다. 고르곤의 눈과 아테나의 번쩍이는 눈은 고대 그리스 문화에서 하나의 기호로 사용되었으며 '신성한 눈'으로 불렸다. 이는 아테나의 신성한 새 부엉이 형상에도 똑같이 나타난다. 이들의 눈은 나선, 바퀴, 동심원, 卍(또는 卐), 태양 등으로 기호화되었다. 고르곤의 손과 발, 날개가 동일하게 시계 방향이나 혹은 반시계 방향으로 향해 있는 것 역시 이와 연관된다.

초기 고르곤 형상에는 현재와 같은 뱀 꼬리는 보이지 않았다. 그럼에도 파충류의 특징은 분명히 나타나는데 주로 머리 부분에서 드러난다. 대부분 끈으로 묶은 땋은 머리를 늘어뜨리고, 정수리에는 머리카락이 돌돌 말려 있다. 뱀이 머리카락을 휘감고 있거나 머리에서 뱀이 자라는 모습도 자주 보인다. 이러한 형상은 코르푸 섬의 아르테미스 신전 장식이 대표적이다. 이것은 그리스 초기의 용 혹은 뱀 숭배 사상과 관련된다. 고대에 신탁은 뱀의 보호를 받았으며, 고르곤 형상은 신전에 장식되는 경우가 많았는데 바로 뱀과의 연관성 때문이다. 여기에서 고르곤의 몸이 비늘로 덮여 있다는 전설이 생겼다.

호메로스의 『일리아스』를 보면 아테나의 방패 중앙에 고르곤의 머리가 장식되어 있다. 또 『오디세우스』에서는 고르곤이 하데스 궁전에 등장하기도 한다. 에우리피데스에 따르면 고르곤은 티탄 족과 올림푸스 신들이 전쟁을 벌일 때 대지의 여신 가이아가 자기 아들들을 돕기 위해 만들었다. 이후 아테나는 고르곤을 죽여 그 가죽을 벗겨 자신의 몸에 걸쳤다.

맨 처음 고르곤 세 자매에 대해 기록한 사람은 헤시오도스다. 그는 저서 『신통기』(*Theogonia*, 신들의 계보)에서 고르곤을 '힘'을 뜻하는 스텐노(Sthenno)와 '멀리 나는'을 뜻하는 에우리알레(Euryale), '여왕'을 뜻하는 메두사(Medusa)로 나누었다. 세 자매는 포르키스와 케토 사이에서 태어났으며, 최초의 바다 신 폰토스와 대지의 여신 가

이아의 혈통이다. 이들은 서쪽 바다 머나먼 곳에 산다고 알려졌다. 이와 달리 『아이네이스』(Aeneis, 로마 최고의 시인 베르길리우스의 장편 서사시―옮긴이)에는 고르곤의 활동 무대가 지하 세계로 통하는 입구라고 나와 있다. 또한, 고대 그리스 시인 키프로스는 스타시누스라는 시에서 고르곤 세 자매가 오케아노스에 있는 작은 바위 섬 사르페돈에 산다고 기록했다.

세 자매 중 오직 메두사만이 유일하게 죽일 수 있는 존재며, 나머지 두 자매는 불사의 몸을 지니고 있다. 메두사는 페르세우스가 헤르메스 신과 아테나 여신의 도움을 받아 물리쳤다. 헤르메스는 페르세우스에게 자신의 낫을 주고, 아테나는 거울을 빌려준다. 페르세우스가 메두사를 죽였을 때 그 피가 바다 곳곳으로 흩뿌려지고 포세이돈의 몸에 닿으면서 천마 페가수스와 거인 크리사오르가 태어난다. 일부 전설에서는 페르세우스가 사이프러스로 돌아와 폴리덱테스왕 앞에서 메두사의 머리를 들어 올리자 궁궐 안의 모든 사람이 돌로 변한다. 또 페르세우스가 메두사의 머리를 아르고스에 묻었다고도 전해진다. 또 다른 이야기로는 페르세우스가 메두사의 머리를 아테나에게 바치자 아테나가 자신의 방패 아이기스의 중앙에 장식한다. 그 방패 위의 메두사 머리 때문에 하늘을 받치고 있던 신 아틀라스가 아틀라스 산맥으로 변하면서, 그의 수염과 머리카락은 숲이 되고 어깨는 낭떠러지가 되었다고 한다.

한편 메두사의 왼쪽에서 흘러나오는 피는 치명적인 독이지만, 오른쪽에서 흘러나오는 피는 죽을 자를 살리는 힘이 있다고 알려졌다. 그리스의 시인이자 문법학자인 아폴로니오스는 메두사의 검은 피가 리비아 사막에 한 방울씩 떨어질 때마다 독사 둥지로 변했다고 기록했다. 이 독사는 사람의 피부에 상처를 내는 것만으로도 목숨을 잃게 만들 수 있다. 독소는 점점 몸을 마비시키는데 눈앞이 검은 안개로 휩싸이다 점차 눈이 멀게 된다. 팔다리가 차츰 묵직해지면서 전혀 말을 안 듣는 상태에 이른다. 결국, 그대로 바닥에 고꾸라지면 몸이 차가워지면서 독이 몸속 깊이 파고들어 몸을 부패시키고 머리카락을 빠지게 한다. 고대 로마의 시인 오비디우스 역시 비슷한 이야기를 전했다. 페르세우스가 천마 페가수스를 타고 리비아 사막 위를 지날 때 고르곤의 머리에서 흘러나온 피가 사막에 떨어지면서 매끈한 피부를 지닌 뱀들이 수없이 생겨났다. 이 뱀들의 후손이 아직도 리비아 사막에 살고 있다고 한다.

　박물지 저자들의 견해는 이들과 조금 다른데, 파우사니아스는 고르곤 메두사의 신화를 합리적으로 설명하려 했다. 아버지 포르키스가 죽은 뒤 메두사는 리비아의 트리토니스 호수 일대의 사람들을 다스렸다. 부족민을 이끌고 나가 사냥을 하거나 전쟁에 나섰다. 그러던 어느 날 페르세우스가 이끄는 부대와 맞서게 되었는데 그만 야밤에 암살을 당하고 만다. 죽은 메두사의 미모에 놀란 페르세우스는 그 머리를 베어 그리스로 가지고 돌아간다.

　고대 그리스의 역사가 디오도로스 역시 고르곤 메두사의 신화를 이성적으로 해석하고자 했다. 고르곤은 리비아에서 살았던 여성 전사 부족으로, 남성과 겨뤄도 전혀 뒤지지 않는 기량과 기백을 지니고 있었다. 그런 이유로 페르세우스는 이 부족을 상대로 전쟁을 벌이는데, 승리를 거두어 능력을 인정받기 위해서였다고 한다. 또한, 디오도로스는 이들이 리비아 서쪽 지방에 살던 여성 부족으로 헤라클레스가 리비아를 거쳐 갈 때 그에게 쫓겨났다고 기록했다.

반면 플리니우스는 고르곤을 미개한 여성 부족으로 보았으며 행동이 민첩하고 날쌔며 온몸이 털로 덮여 있다고 전했다.

그리스 신화에서 고르곤은 인간을 돌로 변하게 하는 능력이 있다. 이는 이들이 암초를 만들어내는 바다의 수호신이었다는 점과 관련 있다. 암초는 선원들의 목숨을 잃게 할 수도 있는 위험한 존재다. 전설에 따르면 페르세우스는 포르키스와 케토를 물리친 뒤 모두 바닷속 암초로 만들어버렸다. 무적의 방패 이지스와 관련된 전설에서도 고르곤 신화의 원형은 암초와 연관되어 있다. 이지스는 폭풍을 신격화한 것으로 선원들이 폭풍우 속에서 항해하다 보면 통제력을 상실하고 암초에 부딪히는 경우가 자주 발생한다.

고르곤 전설은 가뭄과도 연관성이 있다. 페르세우스가 메두사의 목을 잘랐을 때 페가수스와 크리사오르(Khrysaor)가 생겼다. 풍요와 대지의 여신 데메테르는 샘물과 관련되어 있으며, 크리사오르는 곡식이 무르익은 후의 황금빛 잎을 묘사한다. 곡식의 여신 데메테르는 과거 '크리사오로스'(Khrysaoros)라고 불렸는데, 이 둘의 출현은 가뭄이 끝났음을 의미했다.

# 029

# 사이렌
Siren

교황 줄리아노 델라 로베레의 성전 천장화에 등
장하는 사이렌. 르네상스 시절 이탈리아의 화가
핀투리키오의 작품(1490년)

초창기 사이렌(Siren)은 상반신은 인간이고 하반신은 새의 모습이었다. 이후 점차 상반신은 인간이고 하반신은 물고기인 아름다운 인어 형상으로 변했는데 여전히 날개를 지녔다. 일부 회화 작품에서는 물고기 꼬리와 새의 발을 동시에 지닌 모습으로 묘사된다. 사이렌은 아름다운 노랫소리로 사람들을 유혹하여 깊은 잠에 빠지게 한 뒤 공격한다고 알려졌다. 폭풍우가 몰아칠 때는 노래하지만, 파도가 일지 않고 잔잔하면 눈물을 흘렸다고 전해진다.

플리니우스는 사이렌이 멀리 인도에 살았다고 기록했다. 세비야의 대주교 성(聖) 이시도루스에 의하면 사이렌은 날개와 발톱을 가지고 있으며, 뛰어난 비행능력으로 인간을 공격한다. 또한, 아라비아에는 사이렌이라는 뱀이 사는데 날개가 달려 있고 한번 물리면 아픔을 느끼기도 전에 죽음에 이른다고 전해진다.

# 030

# 스핑크스

Sphinx

스핑크스(Sphinx)는 그리스 신화에서 여러 생물이 합쳐진 모습으로 묘사된다. 여성의 머리와 가슴을 가지고 있으며 암사자의 몸에 독수리 날개가 달려 있다. 꼬리가 뱀 머리로 표현되기도 하는데, 사자와 사이렌 형상이 합쳐진 전설 속 생물로도 알려졌다. 스핑크스 형상과 그와 관련된 전설은 그리스가 아니라 이집트나 에티오피아에서 전해졌다고 보는 것이 일반적인 해석이다.

스핑크스의 이름은 그리스어 'Σφίγξ'(Sphinx)에서 유래했다. 이는 그리스어 'σφίγγω'(스핑고)가 변형된 단어로 'σφίγγω'는 '누르다', '꽉 조이다'를 의미한다. 이 단어는 사자가 사냥하는 모습을 보고 만들었다고 한다. 사자는 사냥할 때 사냥감의 목을 공격하는 습성이 있는데, 목을 꽉 물어 질식시켜 죽인다. 또 다른 설에 의하면 스핑크스는 이집트어 'shesepankh'가 변형된 것이며 '살아 있는 모습'이라는 뜻이다. 이 단어는 이집트에서 사자 몸에 인간의 얼굴을 한 조각상을 가리키는 말이었으며 스핑크스 같은 괴물을 의미하지는 않았다.

대부분 전설 속 괴물과 마찬가지로 스핑크스 역시 괴물 가족 사이에서 탄생했다. 헤시오도스에 따르면 스핑크스는 키메라(키마이라, →33번 참조)와 머리가 둘 달린 괴물견 오르트로스 사이에서 나왔다. 고대 그리스 시인 라소스(Lasus of Hermione)는 항렬을 하나씩 올려서 스핑크스가 에키드나와 티폰의 딸이라고 보았다.

스핑크스에 대한 가장 유명한 신화로는 오이디푸스 이야기를 들 수 있다. 위-아폴로도루스는 헤라가 스핑크스를 테베로 보냈다고 기록했다. 또 다른 설에 따르면 스핑크스는 아레스와 디오니소스 혹은 하데스에 의해 세상으로 보내졌으며 뮤즈에게 수수께끼를 배웠다고 한다. 스핑크스는 매일 테베 부근의 산을 지키며 지나가는 테베 사람들에게 '아침에는 네 다리로, 낮에는 두 다리로, 밤에는 세 다리로 걷는 것은 무엇이냐'라는 수수께끼를 냈다. 누군가 이 수수께끼를 풀면 스핑크스는 그 즉시 죽는다. 많은 테베인이 도전했지만 아무도 답을 맞히지 못했고 결국 모두 스핑크스에게 잡아먹히고 말았다. 당시 테베의 왕이었던 크레온의 아들 하이몬 역시 죽음을 면치 못했다.

아들의 죽음에 화가 난 크레온은 스핑크스의 수수께끼를 푸는 자에게 자신의 왕국과 과부가 된 하이몬의 아내를 전부 주겠다고 선포했다. 그리고 결국 오이디푸스가 그 수수께끼를 푼다. 고대 그리스 학자 아폴로도로스는 스핑크스가 언덕에서 뛰어내려 죽었다고 전했다. 반면 디오도로스의 기록에는 스핑크스가 낭떠러지에서 뛰어내려 죽는 것으로 되어 있다. 고대 로마의 작가 히기누스(Gaius Julius Hyginus) 판본에서는 테베의 왕 라이오스의 아들이 바로 오이디푸스라고 나온다. 라이오스는 스핑크스를 물리치기 위해 이 괴물을 없애는 자에게 자기 왕국을 넘겨주고 자신의 여동생 이오카스테와 결혼하게 하겠다고 약속한다. 그리고 오이디푸스가 수수께끼를 풀자 스핑크스는 절벽 아래로 몸을 날려 스스로 목숨을 끊는다.

이 외에도 두 번째 수수께끼가 등장하는 판본도 있다. '두 자매가 있다, 하나가 다른 하나를 낳고, 다른 하나가 또다시 다른 하나를 낳은 것은 무엇인가?' 정답은 그리스어로 'ἡμέρα'(헤메라)와

'νύξ'(눅스)인데 바로 낮과 밤을 말한다. 두 번째 수수께끼는 많이 등장하지는 않지만 역시나 오랜 역사를 지니고 있다.

스핑크스의 실제 원형은 역병으로 보기도 한다. 고대 그리스의 극작가 아이스킬로스는 『테베공략 일곱 장군』(Seven Against Thebes)에서 스핑크스를 사람 목숨을 빼앗아가는 치명적인 역병으로 묘사했다. 또한, 고대 로마의 철학가이자 극작가 세네카 역시 비극 『오이디푸스』에서 스핑크스를 역병과 연결했다.

# 031

# 악타이온

Actaeon

디아나와 악타이온.
루카스 크라나흐의 1518년 작품이다.

악타이온(Actaeon)은 케이론이라는 현명한 켄타우로스의 가르침을 받았고 그에게 사냥하는 법을 배웠다. 어느 날, 사냥을 나온 악타이온은 그만 실수로 키타이론 산속의 아르테미스 성지에 발을 들여 놓는다. 그리고 그곳에서 목욕하고 있는 아르테미스의 몸을 엿보게 되는데 그 모습에 매혹된 나머지 도망칠 기회를 잃고 만다.

분노에 사로잡힌 아르테미스는 자신을 모독한 죄를 물어 악타이온에게 저주를 건다. 악타이온이 입을 여는 순간 사슴으로 변하는 저주였다. 그때 자기편이 부르는 소리가 들려오고 악타이온은 그만 참지 못하고 응답하고 만다. 아르테미스의 저주가 효력을 발휘하면서 악타이온은 인간에서 사슴으로 변하기 시작한다.

사냥개들이 사냥꾼 무리보다 앞서 그곳으로 들이닥치고, 사슴으로 변하고 있는 악타이온을 알아보지 못한 개들이 그에게 달려든다. 다급해진 악타이온은 올림포스 신들을 향해 두 손을 들어 올리며 자신을 인간으로 되돌려달라고 간청하지만 신들은 응답하지 않는다. 결국, 악타이온은 사냥개들에게 갈기갈기 찢겨 죽음을 맞이한다.

이 같은 이야기 형식은 과거 메소포타미아 신화에서도 찾을 수 있다. 길가메시가 이슈타르의 과거 이야기를 꺼내며 그녀를 조롱하자 이슈타르는 양치기 목자를 늑대로 만들었고, 그 늑대가 다른 양치기들에게 쫓겨나 양치기 개들에게 뒤쫓기다 결국 죽게 되었다는 이야기였다.

# 032

# 사티로스

Satyr, Satyros

사티로스와 마이나데스(광란하는 여자들). 아티카
에서 발견된 술잔 킬릭스 안의 원형 그림이다
(BC 500~460).

사티로스(Satyr, Satyros)는 목신(牧神) 판(Pan)과 디오니소스가 합쳐진 정령 혹은 괴물이다. 전설에서는 판과 디오니소스의 시종으로 주로 등장하며, 반은 인간, 반은 염소의 모습을 하고 있다. 당나귀 귀나 말 귀 혹은 말 다리를 한 경우도 있는데 미친 듯 날뛰는 그의 성격과 연관되어 있으며, 거대한 생식기를 가진 모습으로 그려지기도 한다. 에트루리아와 로마에서는 폰(Faun)과 합쳐져 실바누스(Silvanus)와 파우누스(Faunus)의 시종으로 등장한다.

파우누스는 그리스 신화의 사티로스에 대응되는 로마 신화의 신이다. 하지만 둘은 생긴 모습이 전혀 다른데, 그리스 신화에서 사티로스는 크고 길쭉한 생식기를 달고 나귀 혹은 말의 귀와 꼬리를 지니고 있으며, 작달막한 키에 못생긴 외모로 그려진다. 뒷발은 염소 같은 동물의 발로 묘사되기도 하는데 자주 눈에 띄지는 않는다. 반면 파우누스는 반은 인간, 반은 염소의 모습을 하고 있다. 산양의 뿔과 귀, 꼬리, 뒷다리에 상반신은 인간의 모습이다. 이런 모습은 오히려 그리스의 신 판과 유사한데 판의 특성을 그대로 가져온 것으로 보기도 한다. 또한, 파우누스의 여성형 파우나(Fauna)가 있는데 파우누스의 여동생이나 아내 또는 딸로 여겨지며 자연과 풍작의 여신이다. 파우누스와 파우나 모두 반은 인간, 반은 염소의 모습이다.

대략 고대 그리스의 조각가 프락시텔레스 때부터 사티로스는 짐승의 특징을 벗고 잘생긴 청년 모습으로 표현되기 시작했다. 이러한 변화는 계속 이어져 내려와, 사티로스와 폰의 또 다른 형상 중 하나로 자리 잡았다.

# 033

# 키메라

Chimera

아레초의 키메라 청동상. 고대 에트루리아인 제
작(BC 5-4세기로 추정). AD 1553년 제1대 토스카나
대공 코시모 1세가 아레초에 메디치 가문의 성
을 지을 때 발굴되었다.

키메라(Chimera, 키마이라)는 그리스어 'Χίμαιρα'를 그대로 옮긴 것으로 '암염소'라는 뜻이다.『호메로스의 서사시』에서 머리는 사자이며 몸통은 염소, 꼬리는 뱀의 모습으로 묘사된다. 소아시아 리키아 지방에 살며 입으로는 활활 타오르는 불길을 내뿜는다.『산해경』에 나오는 불길하고 흉악한 괴물처럼 키메라 역시 재앙을 몰고 오는 동물이다. 키메라의 출현은 폭풍우나 화산폭발, 배 침몰 등의 재난을 예고한다.

헤시오도스 역시『신통기』에서 키메라의 형상을 언급했다. 무시무시하고 거대하며 민첩한데다 강한 힘까지 지닌 동물로 입에서는 뜨거운 불을 토해낸다. 머리가 모두 세 개 달려 있는데, 하나는 회색빛 눈의 사자머리이고, 또 하나는 꼬리 부분에 달린 용머리, 나머지 하나는 몸 중간에 달린 염소 머리다. 이글거리는 맹렬한 불길을 뿜어대면서 사람들을 두려움에 떨게 만드는 건 가운데 염소 머리다. 후세 사람들은 키메라의 모습을 형상화하면서 이 염소 머리를 사자 머리와 나란히 두기도 했다. 대부분은 호메로스와 헤시오도스의 기록을 모두 고려하여 몸 앞부분에 사자머리, 염소 머리, 용머리를 나란히 배치하고, 몸은 사자의 몸통이며 꼬리에는 뱀의 머리를 달아 놓는다. 키메라는 갈기가 있지만 보통은 암컷으로 본다. 전설에 따르면 키메라와 그 형제인 머리가 둘 달린 괴물견 오르트로스 사이에서 스핑크스와 네메아의 사자가 태어난다.

이후 키메라는 오랜 기간 조각이나 그림에서 그 모습을 찾아 볼 수 없었고 플리니우스의『박물지』에도 관련 내용이 없다. 그런데 키메라라는 이름을 딴 산봉우리에 그 기록이 등장한다. 이곳은 불의 신 헤파이스토스의 도시국가로 고대 리키아 지역에 있었다. 현재는 터키 서남부 츠랄르 해변의 북쪽 절벽 위를 가리키며 터키어로는 '불타는 돌'이라는 뜻의 '야나르타쉬'(Yanartaş)로 불린다. 이곳에는 스무 개가 넘는 천연가스 배출구가 모여 있다. 그 위에서 타오르는 불꽃은 고대 선원들이 자신의 위치를 파악하는 표지 역할을 했으며, 키메라 신화의 원형으로 본다.

전해지는 바에 따르면 키메라는 티폰과 에키드나 사이에서 탄생한 괴물 중 하나다. 에키드나는 상반신은 여인이고 하반신은 뱀의 모습을 한 괴물로, 깊은 물속에 살며 모든 괴물의 어머니로 통한다. 티폰은 대지가 지녔던 태초의 힘을 상징하는 화산 거인이다. 이 둘이 결합하여 여러 괴물을 낳았는데 이는 이와 비슷한 더 오래된 전설을 떠올리게 한다.

메소포타미아 신화에 나오는 이야기로 티아마트(→10번 참조)와 아프수가 결합하여 새로운 신들을 창조한다. 하지만 그들과 새로운 신들 사이에 충돌이 발생하고 결국 아프수가 죽임을 당한다. 티아마트는 아프수의 복수를 위해 열한 명의 괴물을 탄생시킨다. 이 괴물들 중에는 여러 가지가 합쳐진 형태의 괴물도 있었으며 티아마트 역시 용이나 뱀의 모습으로 후세에 전해진다. 따라서 티폰과 에키드나 사이에서 괴물들이 태어났다는 전설은 그리스 신화가 고대 근동 신화의 영향을 받았다는 증거 중 하나로 볼 수 있다.

# 034

# 라미아
Lamia

영국 작가 에드워드 톱셀이 1658년 발표한 『네
발짐승들과 큰 뱀의 역사』(*The History of Four-Footed
Beasts and Serpents*)에 나오는 라미아 형상

고대 그리스의 희극 작가 아리스토파네스에 따르면 '라미아'(Lamia)는 그리스어로 '목구멍'을 뜻하는 '라이모스'(Laimos)에서 유래했으며, 아이들을 삼키는 행동을 가리킨다. 그리스 신화에서 라미아는 제우스의 연인으로 나오며 리비아의 여왕으로 알려졌다. 제우스와의 사이에서 자식을 낳지만 헤라의 질투로 아이를 빼앗기고 괴물로 변하고 만다. 아이를 잃은 비통함에 라미아는 다른 사람의 아이를 훔쳐 잡아먹으면서 점점 끔찍한 괴물로 변해간다. 다른 설에 따르면 헤라의 분노는 라미아에게 아이들을 삼키게 했다. 혹은 라미아와 그리스 신화에 나오는 여신 헤카테(Hecate, 그리스 신화에 나오는 마법과 주술의 여신. 다양한 모습[암말, 암캐, 늑대]으로 변신해 사람들에게 나타났다—옮긴이)를 연결 짓기도 하는데, 라미아가 헤카테의 딸이며 이 같은 변화는 그녀의 혈통 때문이라고 본다.

후대로 가면서 라미아는 새로운 특징을 보인다. 특히 저주 탓에 괴물로 변한 뒤로는 편히 눈조차 감지 못한다. 빼앗긴 아이들 모습이 늘 눈앞에 아른거리면서 영원히 끝나지 않는 슬픔에 몸부림친 것이다. 그런 라미아를 불쌍히 여긴 제우스는 잠시라도 편히 쉴 수 있도록 그녀에게 자기 눈을 뺄 수 있는 능력을 준다.

유럽에서 라미아 이야기가 오랫동안 전해질 수 있었던 것은 엄마들이 아이를 훈육하는 데 잠자리 이야기가 필요했기 때문이다. 이 이야기는 후대에 민간에서 크게 유행하면서 작가들이 새로운 특성을 덧붙이곤 했다. 『황금 당나귀』(The Golden Ass)에서 라미아는 마법을 부리고 피를 빨아먹는 존재로 묘사된다. 고대 그리스 작가 필로스트라토스가 쓴 『아폴로니오스의 생애』(Life of Apollonius of Tyana)

에서는 라마아를 반은 사람, 반은 뱀인 여자 요괴의 모습으로 형상

화했다. 일부 가톨릭 번역문에서는 릴리트(Lilith, 유대 민담에 나오는 여

자 마귀―옮긴이)가 라미아로 옮겨지기도 했다.

# 035

# 스킬라
Scylla

이탈리아 풀리아에서 발견된 도기(BC 300).
그 위에 스킬라의 형상이 놓여 있다.

스킬라(Scylla)에 관한 최초 기록은 『오디세이아』에 등장한다. 스킬라는 괴물 카리브디스와 가까운 곳에 살면서 오디세우스의 선원 6명을 잡아먹는다. 다리는 무려 12개이고 무시무시한 머리가 6개나 달렸으며 긴 목을 가지고 있었다. 날카로운 이빨이 3줄로 나 있으며, 개가 짖어대는 것 같은 소리를 냈다. '스킬라'라는 이름은 'skyllaros'(소라게)나 'skylax'(돔발상어, dog fish) 또는 'skyllô'(갈기갈기 찢다)에서 유래했다.

고대 그리스 도기에서 스킬라는 상반신은 여성이고 하반신에는 물고기 꼬리가 달려 있으며, 허리에는 개의 머리가 둘린 형상으로 나타난다.

호메로스, 오비디우스, 아폴로도로스, 세르비우스 등은 스킬라가 크라타에이스(Crataeis)에게서 태어났다고 보았다. 아버지는 확실치 않는데 트리톤이나 포르키스가 거론된다. 혹은 헤카테와 포르키스 사이에서 탄생했다고도 한다. 이런 경우 문제가 발생하기에 크라타에이스를 헤카테의 다른 이름으로 해석하기도 한다. 또는 크라타에이스를 헤카테와 트리톤의 딸로 여기는 경우도 있다. 이 외에도 스킬라의 어머니가 라미아라는 설과, 스킬라가 티폰과 에키드나의 딸이라는 설이 있다.

후대에 이르러 스킬라의 기원 신화가 생겨난다. 본래 스킬라는 매우 아름다운 여인으로 포세이돈이나 글라우코스의 사랑을 받았다. 이를 시기한 암피트리테 혹은 키르케가 바다에서 목욕하고 있는 스킬라를 독살한다. 또 다른 설에 따르면 스킬라를 본 글라우코스는 그만 한눈에 사랑에 빠지고 만다. 그녀의 사랑을 얻기 위해 글라우코스는 사랑의 묘약을 구하러 키르케를 찾아간다. 하지만 그런 글라우코스의 모습에 반해버린 키르케는 사랑의 묘약 대신 독약을 건넨다. 결국, 독약으로 스킬라는 머리가 6개 달리고 목은 뱀처럼 길며, 머리마다 4개의 눈과 3줄의 날카로운 이빨을 가진 괴물로 변한다.

또 다른 전설에 따르면 시칠리아 섬에서 모험을 하던 헤라클레스가 스킬라와 싸워 그녀를 죽여버린다. 그러자 스킬라의 아버지인 바다의 신 포르키스가 횃불로 그녀를 살려낸다.

스킬라의 원형은 이탈리아와 시칠리아 사이에 위치한 메시나 해협의 깎아지른 듯한 바위이며, 그 근처에는 카리브디스 소용돌이가 있다. 또는 바다 쪽으로 뾰족하게 나와 있는 땅인 스킬라(Skilla)를 그 원형으로 보기도 한다. 지리적 위치로는 이곳이 호메로스가 묘사한 내용과 부합한다.

4

# 종교 전설

# 036

# 레비아탄
Leviathan

비잔틴 양식의 욥기 필사본에 등장하는
레비아탄 형상. 후기 로마 시대(AD 9세기) 제작으
로 추정된다.

레비아탄(Leviathan, 리바이어던)은 성경에 등장하며 바다에 사는 거대한 짐승으로, 욥기 41장에 나온다. 현대 히브리어에서 레비아탄은 고래를 의미하지만, 성경의 중국어 번역본에는 악어로 나와 있다. 욥기에서 레비아탄은 무서운 짐승으로 묘사된다.

등비늘은, 그것이 자랑할 만한 것, 빽빽하게 짜여 있어서 돌처럼 단단하다. 그 비늘 하나하나가 서로 이어 있어서, 그 틈으로는 바람도 들어가지 못한다. 비늘이 서로 연결되어 꽉 달라붙어서, 그 얽힌 데가 떨어지지도 않는다. 재채기를 하면 불빛이 번쩍거리고, 눈을 뜨면 그 눈꺼풀이 치켜 올라가는 모양이 동이 트는 것과 같다. 입에서는 횃불이 나오고, 불똥이 튄다. 콧구멍에서 펑펑 쏟아지는 연기는, 끓는 가마 밑에서 타는 갈대 연기와 같다. 그 숨결은 숯불을 피울 만하고, 입에서는 불꽃이 나온다. 목에는 억센 힘이 들어 있어서, 보는 사람마다 겁에 질리고 만다. 살갗은 쇠로 입힌 듯이, 약한 곳이 전혀 없다. 심장이 돌처럼 단단하니, 그 단단하기가 맷돌 아래짝과 같다.

　일어나기만 하면 아무리 힘센 자도 벌벌 떨며, 그 몸부림치는 소리에 기가 꺾인다. 칼을 들이댄다 하여도 소용이 없고, 창이나 화살이나 표창도 맥을 쓰지 못한다. 쇠도 지푸라기로 여기고, 놋은 썩은 나무 정도로 생각하니, 그것을 쏘아서 도망치게 할 화살도 없고, 무릿매 돌도 아예 바람에 날리는 겨와 같다. 몽둥이는 지푸라기쯤으로 생각하며, 창이 날아오는 소리에는 코웃음만 친다. 뱃가죽은 날카로운 질그릇 조각과 같아서, 타작기가 할퀸 진흙 바닥처럼, 지나간 흔적을 남긴다. 물에 뛰어들면, 깊은 물을 가마솥의 물처럼 끓게 하고,

바다를 기름 가마처럼 휘젓는다. 한 번 지나가면 그 자취가 번쩍번쩍 빛을 내니, 깊은 바다가 백발을 휘날리는 것처럼 보인다.

땅 위에는 그것과 겨룰 만한 것이 없으며, 그것은 처음부터 겁이 없는 것으로 지음을 받았다. 모든 교만한 것들을 우습게 보고, 그 거만한 모든 것 앞에서 왕노릇을 한다(욥 41:15-34, 새번역성경).

이사야서 27장 1절에는 다음과 같이 기록되어 있다. "그 날에 여호와께서 그의 견고하고 크고 강한 칼로 날랜 뱀 리워야단[레비아탄] 곧 꼬불꼬불한 뱀 리워야단을 벌하시며 바다에 있는 용을 죽이시리라"(개역개정판).

시편 104장 25-26절에도 관련 내용이 등장한다. "저 크고 넓은 바다에는, 크고 작은 고기들이 헤아릴 수 없이 우글거립니다. 물 위로는 배들도 오가며, 주님이 지으신 리워야단[레비아탄]도 그 속에서 놉니다"(새번역성경).

이 외에 로마서와 아모스서에도 관련 기록이 나온다.

레비아탄에 관한 신화는 고대 근동 신화와 밀접하게 관련되어 있으며, 신이 혼돈의 괴물을 물리친다는 내용에서 다양하게 분화했다. 근동에는 신이 바다 괴물을 제압하는 이야기가 다수 존재한다. 전쟁의 신 닌우르타가 머리 일곱 달린 뱀과 싸워 이기고, 우가리트 신화에서 바알(Baal, 하다드[Hadad])은 로탄(Lotan)을 죽여 없앤다. 또 마르두크는 혼돈의 모신 티아마트를 죽음으로 몰아넣는다. 이렇게 머리가 여러 개 달린 태곳적 괴물은 바닷물이나 홍수를 신화적으로 해석한 것으로 보인다.

레비아탄의 직접적 원형은 바알이 물리친 바다 괴물 로탄에서 찾을 수 있다. 로탄은 바다의 신 얌(Yamm)의 시종으로 우가리트어로 '휘감다, 꼬다'라는 뜻이다. 일부 문헌에서 로탄은 '꿈틀거리는 뱀'으로 불린다. 레비아탄 역시 히브리어로 '휘감다'라는 의미이며 구불구불한 뱀으로 표현된다. 신화에서 로탄은 머리가 7개 달린 괴물로 묘사되는데 레비아탄 역시 7개의 머리를 가지고 있다. 이로써 히브리 신화의 레비아탄은 우가리트 신화의 로탄에서 유래했을 가능성이 높다.

이외에도 신이나 영웅, 성인이 용을 죽이는 이야기가 많은 나라의 신화 속에 등장한다. 이집트 신화에서는 태양 신 라와 그 쌍둥이 형제인 혼돈의 뱀 아펩(→15번 참조)이 영원히 끝나지 않는 싸움을 벌인다. 그리스 신화에서는 제우스가 티폰과 싸워 승리를 거두고, 아폴론은 거대한 뱀 피톤을 퇴치하며, 헤라클레스는 히드라를 단번에 물리친다. 인도 신화에서는 인드라가 사악한 용 브리트라와 싸워 이긴다. 북유럽 신화에서는 토르가 큰 바다뱀 요르문간드를 해치운다. 중국 신화에서는 우(禹)임금이 머리가 아홉 달린 뱀 상유(相柳)를 물리치고, 일본 신화에서는 스사노오노미코토(素盞嗚尊)가 커다란 뱀과 싸워 승리한다. 기독교 신화에서는 성 조지가 무서운 용을 무찌른다.

성경에 나오는 거대한 바다 괴물들은 레비아탄과 비슷한 특징을 지녔거나 혹은 동일한 존재로 여겨지며 같은 뿌리에서 갈라져 나왔다고 본다. 그중에서 라합은 현대 히브리어로 악어를 의미한다. 탄닌(Tannin) 역시 성경에 등장하는 바다괴물로 거대한 용, 들개, 큰 뱀으로 번역된다.

요한계시록에는 이렇게 기록되어 있다. "하늘에 또 다른 이적이 보이니 보라 한 큰 붉은 용이 있어 머리가 일곱이요 뿔이 열이라 … 큰 용이 내쫓기니 옛 뱀 곧 마귀라고도 하고 사탄이라고도 하며 온 천하를 꾀는 자라 그가 땅으로 내쫓기니 그의 사자들도 그와 함께 내쫓기니라"(12:3, 9, 개역개정판). 여기에 등장하는 일곱 개의 머리에 뿔이 열 개 달린 큰 붉은 용 역시 레비아탄의 형상에서 유래했다.

한편 위경(僞經)으로 분류되는 에녹서에는 레비아탄이 암컷 괴물로 나오며, 바다 깊은 곳이나 물속에 산다. 레비아탄과 쌍을 이루는 수컷 괴물은 베헤못(➡37번 참조)이라 부르는데 에덴동산 동쪽 광야에 살고 있다. 이 덴다인이라는 광야는 인간 눈에는 보이지 않는 곳이다. 이에 관해서는 중세 유대 경전에 보다 자세하게 설명되어 있다. 처음에 하나님은 암수 괴물 한 쌍을 창조했다고 한다. 그런데 이들이 번식해 세상을 멸망시킬까 봐 암컷 괴물을 죽여버린다. 그리고 그 괴물의 시체는 남겨두었다가 이후 구세주의 출현을 찬양하는 연회에서 의인들에게 고기로 제공한다. 또 그 피부는 연회를 위한 장막으로 사용한다.

후대 경전 기록에 따르면 레비아탄은 배가 고플 때면 입에서 엄청난 양의 열기가 뿜어져 나오는데 지상의 모든 물을 부글부글 끓게 만들 정도이다. 만약 레비아탄이 머리를 하늘로 향하고 있지 않았다면 땅위의 모든 생물이 그 악취를 견뎌내지 못했을 것이다. 또 전해지는 바로는 레비아탄은 지중해에 서식하며 요르단 강물이 그 입 속으로 곧장 흘러들어간다. 또 요나를 삼켰던 고래는 자신도 레비아탄에 삼켜질까 봐 두려워 필사적으로 피해 다니는데 레비아탄이 매일 한 마리씩 고래를 삼켜버리기 때문이다. 이 외에도 레비아탄은 온 몸에서 강렬한 빛을 내뿜으며 특히 눈에서 엄청난 빛을 발사한다고 전해진다. .

기독교에서는 레비아탄이 사탄과 동일시되다가 그 뒤로는 점차 악마로 변해갔다. '천사 박사'로 알려진 토마스 아퀴나스는 레비아탄을 "질투하는 악마"로 불렀다. 또한, 1589년 독일 신학자 피터 빈스펠드는 인간의 죄악을 악마와 대응시켰는데 그중 레비아탄은 7대 죄악 중 질투를 상징한다.

# 037

# 베헤못

Behemoth

영국 시인이자 화가 윌리엄 블레이크가 그린 욥
기 삽화 중 하나(1805-1810). 레비아탄(아래)과 베
헤못의 모습이 들어 있다

'베헤못'(Behemoth)은 '가축'이나 '소와 양'을 뜻하는 히브리어 '베헤마'(behemah)의 복수형으로 '거대한 짐승'이나 '뭇짐승'으로 불린다. 욥기에서 베헤못은 레비아탄과 마찬가지로 괴물로 그려진다.

> 베헤못을 보아라. 내가 너를 만든 것처럼, 그것도 내가 만들었다. 그것이 소처럼 풀을 뜯지만, 허리에서 나오는 저 억센 힘과, 배에서 뻗쳐 나오는 저 놀라운 기운을 보아라. 꼬리는 백향목처럼 뻗고, 넓적 다리는 힘줄로 단단하게 감쌌다. 뼈대는 놋처럼 강하고, 갈비뼈는 쇠빗장과 같다. 그것은, 내가 만든 피조물 가운데서 으뜸가는 것, 내 무기를 들고 다니라고 만든 것이다. 모든 들짐승이 즐겁게 뛰노는 푸른 산에서 자라는 푸른 풀은 그것의 먹이다. 그것은 연꽃잎 아래에 눕고, 갈대밭 그늘진 곳이나 늪 속에다가 몸을 숨긴다. 연꽃잎 그늘이 그것을 가리고, 냇가의 버드나무들이 그것을 둘러싼다. 강물이 넘쳐도 놀라지 않으며, 요단강의 물이 불어서 입에 차도 태연하다. 누가 그것의 눈을 감겨서 잡을 수 있으며, 누가 그 코에 갈고리를 꿸 수 있느냐(욥 40:15~24, 새번역성경).

베헤못에 대해서는 사람마다 견해차가 있다. 욥기 기록을 보면 베헤못은 실제로 존재했던 동물이거나 혹은 실존 동물을 원형으로 삼은 것으로 추정한다. 또는 베헤못을 하마나 코끼리, 코뿔소, 물소로 보는 견해도 있다. "꼬리는 백향목처럼 뻗고"에서 백향목처럼 생긴 꼬리에 갈라진 솔 같은 꼬리털이 달려 있다는 특징이 코끼리나 하마 꼬리와 유사하다는 것이다. 혹은 이것이 코끼리 코를 가리킨다는 주장도 있다. 이 외에도 성서에서 묘사된 내용을 근거로, 베헤못을 물에서도 사는 초식동물로 보기도 한다. "요단강의 물이 불어서 입에 차도 태연하다"에서 급류를 두려워하지 않는 하마와 비슷한 존재로 생각한 것이다. 이 설명의 마지막 부분에 "누가 그 코에 갈고리를 꿸 수 있느냐"라는 내용이 나오는데 이를 통해 당시 사람들이 하마를 잡던 방식도 확인할 수 있다. 먼저 그 코를 찔러 꿰뚫으면 하마는 어쩔 수 없이 입으로 숨을 쉬게 된다. 그때 벌린 입 안으로 작살을 찔러 넣는 것이다.

한편 베헤못을 일종의 상징으로 보는 견해도 있다. 바다의 괴물 레비아탄, 하늘의 괴물새 지즈(Ziz)와 대응되는 땅의 괴물이자 상상의 산물이라는 것이다. 에녹서에는 베헤못이 에덴동산 동쪽의 덴다인 사막에 숨어 산다고 나온다. 유대 전설에 따르면 베헤못과 레비아탄은 필사의 싸움을 벌이는데 결국에는 둘 다 하나님의 칼에 죽임을 당해 성결한 자들의 식탁에 오른다.

하가다(Haggadah, 유대교에서 전설이나 격언을 포함하는 비법률적인 랍비 문학—옮긴이)에는 베헤못이 한층 더 신격화된 형상으로 등장하는데, 매년 4월 유대의 하지에 베헤못의 힘이 최고조에 달한다고 한다. 해마다 이때가 되면 엄청난 괴성을 지르는데 그 소리에 모든 생물이 벌벌 떨면서 1년간 자기 발톱과 이빨을 감히 꺼내지 않는다. 이로써 약한 동물들도 살아갈 기회를 얻는다. 하가다에는 베헤못의 선량함과 연민이 중점적으로 부각되어 있는데, 만약 베헤못이 크게 울부짖지 않으면 동물들은 서로 죽이고 심지어 인간도 위험에 빠지기 때문이다.

이슬람교에서는 베헤못과 레비아탄이 뒤섞이면서 서로 바뀌기도 한다. 레비아탄은 우주 황소가 되고, 베헤못은 거대한 바다 생물로 바뀌는데 이때 '바하무트'라고 불린다. 아랍 신화에 나오는 우주 모형에는 다양한 판본이 존재하는데 일반적으로 이런 모습을 하고 있다. 가장 위에 일곱 개의 천국이 있고, 그 중간에 인간이 존재하며, 그 아래로 일곱 개의 지옥이 자리한다. 이 모두를 천사한 명이 떠받치고 있는데 이 천사는 루비(홍옥)로 만든 산 위에 서 있다. 이 루비 산은 우주의 황소가 등에 지고 있으며, 다시 이 황소를 바하무트가 짊어진 채 바다 위에 떠 있다. 바다 아래는 심연(深淵)이며 심연 밑에는 불바다가 있다. 불바다 아래에는 거대한 뱀이 사는데 이 모두를 삼키려고 하지만 알라가 저지한다.

반면 중세 유럽에서는 베헤못을 악마와 연관지어, 사탄이 타고다니는 짐승이나 악마 중 하나로 보았다.

# 038

# 거룹
Cherub

『켈스서』(*Book of Kells*)에 나오는 네 생물 형상

거룹(Cherub, 그룹)은 '네 생물'(Tetramorph, 테트라모프)로 불리는데, 에스겔이 그발 강가에서 포로로 잡혀온 사람들과 함께 있을 때 본 신의 기이한 형상 중 하나다. 에스겔서 1장에는 거룹의 모습이 이렇게 묘사되어 있다.

그러더니 그 광채 한가운데서 네 생물의 형상이 나타나는데, 그들의 모습은 사람의 형상과 같았다. 얼굴이 각각 넷이요, 날개도 각각 넷이었다. 그들의 다리는 모두 곧고, 그 발바닥은 송아지의 발바닥과 같고, 광낸 놋과 같이 반짝거렸다. 그 생물의 사면에 달린 날개 밑에는 사람의 손이 있으며, 네 생물에게는 얼굴과 날개가 있었다. 그들의 날개 끝은 서로 닿아 있으며, 앞으로 나아갈 때에는 몸을 돌리지 않고, 각각 앞으로 곧게 나아갔다. 그 네 생물의 얼굴 모양은, 제각기, 앞쪽은 사람의 얼굴이요, 오른쪽은 사자의 얼굴이요, 왼쪽은 황소의 얼굴이요, 뒤쪽은 독수리의 얼굴이었다. 이것이 그들의 얼굴 모양이었다.

그들의 날개는 위로 펼쳐져 있는데, 두 날개로는 서로 끝을 맞대고 있고, 또 두 날개로는 그들의 몸을 가리고 있었다. 그들은 영이 가고자 하는 곳으로 갈 때에는, 각각 앞으로 곧게 나아갔다. 그들은 몸을 돌리지 않고 앞으로 나아갔다. 그 생물들의 모양은 마치 활활 타는 숯불이나 횃불과 같이 보였다. 그 불은 그 생물들 사이를 오가며 빛을 냈고, 불 속에서는 번개가 튀어나오고 있었다. 그 생물들은 이쪽저쪽으로 번개처럼 빠르게 달렸다.

그때에 내가 그 생물들을 바라보니, 그 생물들의 곁 땅 위에는 바퀴가 하나 있는데, 그 바퀴는 네 얼굴을 따라 하나씩 있었다. 그 바퀴의 형상과 구조를 보니, 그 형상은 빛나는 녹주석과 같고 네 바퀴의 형상이 모두 똑같으며, 그 구조는 마치 바퀴 안에 바퀴가 들어 있는 것처럼 보였다. 그 바퀴들은 사방 어디로 가든지, 방향을 돌이키지 않고서도 앞으로 나아갔다.

그 바퀴의 둘레는 모두 높고, 보기에도 무서우며, 그 네 둘레로 돌아가면서, 눈이 가득하였다. 그 생물들이 나아가면, 바퀴들도 생물들의 곁에서 함께 나아갔고, 생물들이 땅에서 떠오르면, 바퀴들도 함께 떠올랐다. 그 생물들은 어디든지, 영이 가고자 하면, 그 영이 가고자 하는 곳으로 갔다.

바퀴들도 그들과 함께 떠올랐는데, 생물들의 영이 바퀴 속에 들어 있었기 때문이다. 생물들이 나아가면 그 바퀴들도 나아갔고, 생물들이 멈추어 서 있으면, 바퀴들도 멈추어 서 있었다. 또 생물들이 땅에서 떠오르면, 바퀴도 그들과 똑같이 떠올랐는데, 생물들의 영이 바퀴들 속에 들어 있었기 때문이다.

그 생물들의 머리 위에는 창공 모양의 덮개와 같은 것이 있는데, 수정과 같은 빛을 내서, 보기에 심히 두려웠으며, 그 생물들의 머리 위에 펼쳐져 있었다. 그런데 창공 모양의 덮개 밑에는 그 생물들이 펼친 날개가 서로 맞닿아 있었다. 이쪽 생물들이 두 날개로 자기의 몸을 가리고 있고, 저쪽 생물들도 두 날개로 자기의 몸을 가리고 있었다. 그들이 움직일 때에는, 나는, 그들이 날개 치는 소리를 들었다. 그 소리는 마치 힘찬 물소리와도 같고, 전능하신 분의 천둥소리와도 같고, 떠드는 소리 곧 군인들의 진영에서 나는 함성과도 같았다. 그들은 멈추어 서 있을 때에는 날개를 드리웠다(1:5-24, 새번역성경).

이 외에 에스겔서 10장 12절에 거룹의 형상에 대한 보충 설명이
나온다. "그들의 등과 손과 날개 할 것 없이, 그들의 온 몸과 네 바
퀴의 온 둘레에 눈이 가득 차 있었다." 정리해보면, 거룹은 네 개의
얼굴을 가지고 있는데, 앞쪽은 사람 얼굴, 오른쪽은 사자 얼굴, 왼
쪽은 황소 얼굴, 뒤쪽은 독수리 얼굴이다. 날개가 네 개인데 날개
아래에는 인간의 손이 달려 있다. 인간의 손과 날개 모두 눈으로
가득 차 있다. 다리는 곧으며 발바닥은 송아지 발바닥 같다. 이들
은 불꽃을 번쩍이면서 번개처럼 이쪽저쪽으로 빠르게 달렸으며,
소리는 우렁찬 물소리 같다.

에스겔서의 묘사와 거기서 등장하는 바퀴 안의 바퀴, 청옥처럼
보이는 보석으로 만든 보좌에 대한 설명을 종합하면, 거룹은 하나
님의 전차를 끌던 기이한 짐승으로 보인다. 그 결과 거룹의 원형
을 고대 근동 신화에 나오는 생물인 '키라부'(Kirabu)에서 찾기도 한
다. 키라부는 아시리아 신화에 등장하는 한 쌍의 신성한 짐승인 라
마수와 쉐두를 가리킨다. 라마수(→9번 참조)는 인간과 사자, 소, 새의
특징을 모두 지니고 있는데 에스겔서에 나오는 거룹의 모습과 상
당히 비슷하다. 또한, 라마수가 고대 근동 문명에서 장식으로 자주
사용된 것과 마찬가지로 거룹 역시 쌍을 이루어 하나님의 명령대
로 모세의 언약궤 위를 장식한다.

유대교에서는 거룹을 에덴동산의 수호자로 본다. 바빌론의 『탈
무드』에는 유대 왕인 헤로데 1세가 성전을 증축하면서 거룹의 형

상을 그려 넣었다고 기록되어 있다. 유대교의 성서 주석서인 『미드라시』에 근거해보면, 거룹은 신이 세상을 창조한 3일째 되던 날에 만들어졌으며, 그들은 물질이 아닌 존재로, 명확한 형상이 이루어지지 않았으며 남자, 여자, 영 혹은 천사 같은 존재로 보였다. 계시록에서 네 생물은 또 한 차례 변화를 겪는데, 첫 번째 생물은 사자 같고, 두 번째 생물은 송아지 같으며, 세 번째 생물은 얼굴이 사람 같고, 네 번째 생물을 날아가는 독수리 같다고 기록되어 있다. 여기에서는 네 생물이 각각 분리된 네 존재처럼 다루어진다.

이후 신약성서의 영향으로 네 생물은 4대 복음서와 대응되기 시작한다. 대응 관계는 고정적이지 않으며 다양한 설이 존재한다. 아마도 네 동물에게 받은 인상에 따른 해석으로 보인다. 2세기의 대표적인 그리스도교 신학자 이레네우스는 마태복음이 첫 부분에서 그리스도의 족보를 서술하므로 사람과 연관 지었다. 또한, 마가복음은 그리스도의 신분을 강조하기에 사자와 대응되며, 누가복음은 사제 이야기로 시작하기에 소로 상징된다. 소는 희생을 의미하고 제사와 관련되기 때문이다. 마지막으로 요한복음은 성령을 상징하는 독수리로 상징된다.

반면 이집트 알렉산드리아의 주교 아타나시우스는 마태복음을 사람, 마가복음을 소, 누가복음을 사자, 요한복음을 독수리와 대응했다. 이 외에 아우구스티누스는 마태복음과 사자, 마가복음과 사람, 누가복음과 소, 요한복음과 독수리를 연관 지어 해석했다. 이와 관련하여 가장 널리 알려진 것은 산 마르코의 사자라고 할 수 있다. 이 사자는 베니스의 수호신인데, AD 828년 베니스의 한 상인이 산 마르코의 유골을 베니스로 옮겨와 성 마르코 대성당 제단 아래 안치했다고 전해진다. 이로써 산 마르코는 베니스의 수호 성인의 자리에 올랐다. 또한, 네 생물과 4대 복음서의 영향으로 산 마르코가 저술한 마가복음과 대응되는 사자가 베니스의 상징이 되었다.

원래 중세 유럽에서는 거룹이 천사의 위계에서 세 번째에 위치했다. 그 뒤 큐피드 형상과 합쳐지면서 거룹은 큐피드처럼 날개 달린 아기나 어린이로 표현된다.

# 039

# 스랍
Seraph

시칠리아 체팔루의 주교좌성당 돔에 그려진
스랍의 모자이크 장식

이사야서 6장에는 다음과 같은 내용이 나온다. "웃시야왕이 죽던 해에, 나는 높이 들린 보좌에 앉아 계시는 주님을 뵈었는데, 그의 옷자락이 성전에 가득 차 있었다. 그분 위로는 스랍들이 서 있었는데, 스랍들은 저마다 날개를 여섯 가지고 있었다. 둘로는 얼굴을 가리고, 둘로는 발을 가리고, 나머지 둘로는 날고 있었다. 그리고 그들은 큰소리로 노래를 부르며 화답하였다. '거룩하시다, 거룩하시다, 거룩하시다. 만군의 주님! 온 땅에 그의 영광이 가득하다'"(6:1-3, 새번역성경). 여기서 스랍(Seraph, 세라프)은 글자 그대로 옮기면 '불타는 자', '빛을 발하는 자'를 의미한다. 간혹 '하늘을 나는 용'이나 '나는 뱀'으로 번역한 성경도 있다.

민수기와 신명기는 스랍을 '불뱀'으로 옮겼다. 혹은 단락마다 스랍이 의미하는 바가 모두 다르다고 보기도 한다. 가령 이사야서에서는 천사를 가리키지만, 그 외에는 이스라엘인들이 사막에서 마주치는 독뱀으로 보는 편이 타당하다는 주장이다. 독뱀에게 물리면 불타는 것 같은 통증이 몰려오며, 코브라는 적과 대치할 때 갈비뼈의 위치가 바뀌면서 목 부분이 평평하게 변하는데 그 모습이 마치 날개처럼 보인다는 것이다. 이런 설명은 억지스러워 보이며, 오히려 에덴동산에 등장했던 고대 뱀의 모습을 떠올리게 한다.

창세기에는 뱀이 하나님의 벌을 받은 후의 모습만 기록되어 있다. "네가 이런 일을 저질렀으니, 모든 집짐승과 들짐승 가운데서 네가 저주를 받아, 사는 동안 평생토록 배로 기어다니고, 흙을 먹어야 할 것이다"(3:14, 새번역성경). 반면 뱀의 '이전' 모습은 언급하지 않았는데, 지금과 같은 형태는 분명 아니었을 것이다. 뱀은 종종 사탄에 비유되는데, 사탄 역시 여섯 개의 날개를 지닌다. 따라서 하나님이 내려보낸 여섯 날개 달린 천사들의 최초 모습 역시 날개 달리고 불타오르는 뱀이 아니었을까 추측할 수 있다. 특히 기원전 8세기 유대교에서는 스랍을 인간의 특징을 지닌 날아다니는 뱀으로 형상화한 바 있다.

성경 학자들에 따르면, 스랍은 두 날개로 얼굴을 가리고 있는데 이는 하나님에 대한 경건을 의미하며, 다른 두 날개로 발을 가린 모습은 자신의 보잘것없음을 나타낸다. 또 나머지 두 날개로 날갯짓 하는 모습은 하나님에 대한 순종을 보여준다. '거룩하다'라고 세 번 외치는 소리는 하나님의 성스럽고 고결함을 강조하면서 그 유일무이함을 드러낸다.

유대교에서 스랍은 천상 위계질서에서 다섯 번째 자리를 차지한다. 반면 중세기 가톨릭에서는 가장 높은 위계의 천사로 나오며, 하나님의 보좌 바로 옆에 서서 호위하는 모습으로 묘사된다. 스랍은 순결한 불, 지혜의 빛, 정화된 열정 등으로 해석되지만, 예술적으로는 여섯 개의 날개로 둘러싸인 머리로 형상화되는 때가 대부분이다. 몸이나 팔다리는 거의 드러내지 않지만 분명 인간의 모습을 하고 있다.

# 040

# 몰록
Moloch

스트라스부르의 판화가 이스나르드가 제작한 몰록의 모습(1753년). 마르틴 루터의 『성경』에 삽화로 사용되었다.

몰록(Moloch)은 성경에 나오는 가나안의 지역 신으로, 사람들은 어린이를 제물로 바쳐 그에게 제사를 지냈다. 이 이름은 히브리어 'mlk'(멜렉)에서 유래했으며 왕이나 우두머리를 의미한다. 근동 지역에 자주 등장한 말이며 그 어원은 아카드어 'melek'으로까지 거슬러 올라가는데, 이는 신이나 왕을 부르는 존칭어였다. 'melek' 를 'Moloch'로 바꾸어 쓴 이유는 이교도의 신을 낮춰 부르기 위해서였다. 이 명칭은 성경에서 '몰렉'(Molech), '밀곰'(Milcom), '말감'(Malcam) 등으로 다양하게 등장한다.

몰록은 성경의 레위기, 열왕기, 예레미야서, 이사야서, 신명기에서 모두 언급된다. 여기에 기록된 몰록 숭배의 가장 큰 특징은 제물을 불에 태워 바치는 번제다. 번제는 가나안 사람들이 몰록에게 지내던 일종의 제사 방식이었다.

랍비들의 기록에 따르면 사람들은 몰락의 동상을 황동으로 제작했다. 동상은 소머리에 인간 몸을 하고 있으며 손바닥이 위를 보도록 손을 내밀고 있다. 그들은 몰록 동상을 불로 가열한 뒤 갓난아기를 몰록의 손 위에 올려놓고 제사를 지냈다. 의식에서는 제사장이 계속 북을 치는데, 이는 아기의 비명소리가 들리지 않게 해서 부모가 동요하지 못하도록 하려는 것이었다.

또 다른 기록에 따르면, 몰록의 동상은 속이 비어 있으며 7개의 공간으로 나누어져 있다. 첫 번째 공간에는 밀가루를, 두 번째 공간에는 산비둘기를, 세 번째에는 암컷 양을, 네 번째에는 수컷 양을, 다섯 번째에는 송아지를, 여섯 번째에는 수컷 소를 그리고 일곱 번째에는 아이를 집어넣었다. 그런 뒤 몰록의 동상을 가열하여 이 모든 제물을 한 번에 불태웠다.

그리스와 로마의 문헌에는 페니키아인 역시 어린이를 불태워 크로노스라고 불리는 신에게 제물로 바쳤다는 기록이 남아 있다. 그리스 신화에서 크로노스가 자기 자식을 모두 잡아먹는 대목을 떠올리게 한다. 본래 페니키아의 주신은 바알 하몬(Baal Hammon)이었다. 고대 그리스의 역사학자 클레이타르쿠스는 플라톤에게 그 의식에 대해 이렇게 설명한다. "카르타고인들 사이에 크로노스 신상이 우뚝 서 있는데 두 손으로 화로를 받쳐 들고 있다. 화로의 불길이 아이 몸에 닿으면 아이가 불속에서 팔다리를 움츠리면서 입을 벌리는데 그 모습이 마치 웃는 것처럼 보인다. 그런 뒤 활활 타오르는 불꽃이 아이 몸을 완전히 삼켜버린다."

기원전 1세기 시칠리아에서 활동했던 고대 그리스의 역사학자 디오도로스 시켈로스 역시 카르타고인의 제사 의식에 대해 비슷한 기록을 남겼다. "카르타고인의 도시에 크로노스 신상이 서 있다. 이 신상은 두 손을 앞으로 내밀고 있는데 손바닥이 위를 향하며 아래로 기울어져 있다. 이렇게 해야 손바닥 위에 놓인 아이가 그 아래 있는 활활 불타는 불구덩이 속으로 굴러 떨어질 수 있기 때문이다."

이런 의식이 치러질 때마다 아이의 가족은 눈물을 멈추지 못한다. 참주 아가토클레스가 카르타고를 격파했을 때 카르타고의 귀족들은 자기 자식 대신 신분이 낮은 아이를 재물로 삼았기 때문에 신이 벌을 내렸다고 믿었다. 신의 분노를 달래기 위해 귀족 아이 200명을 신에게 재물로 바치는 계획을 세웠고, 결과적으로 300명에 달하는 아이들이 희생되었다.

고대 로마의 그리스인 작가 플루타르코스 또한 카르타고인의 제사 의식에 관한 기록을 남겼다. "카르타고인은 이 의식에 절대적으로 동조하면서 자신의 아이를 기꺼이 제물로 바친다. 아이가 없으면 가난한 집에서 아이를 사왔고, 새끼 양이나 어린 새를 죽이듯 그들의 목을 베었다. 이 과정에서 아이 엄마는 절대로 눈물을 보여서는 안 되며, 슬픈 표정을 짓는 순간 거래가 취소되면서 돈도 못 받고 아이는 제물로 희생되었다. 의식이 치러지는 신상 앞에는 언제나 북소리와 피리 소리가 가득했다. 주변 사람들이 아이의 비명소리를 듣지 못하게 하기 위한 장치였다."

현대에는 번제 의식을 다양한 관점에서 바라본다. 사실상 번제 의식이란 사악한 기운을 몰아내기 위해 갓 태어난 아기를 불 위로 지나가게 하는 정화 의식일 뿐이지 실제로 아이를 제물로 바치지는 않았다고 해석한다. 하지만 1932년 프랑스 고고학자들은 가나안 지역에서 제물로 바쳐진 아이의 유골을 대량으로 발굴했으며, 이 유골은 동물의 잔해들과 한데 뒤섞여 있었다.

몰록이라는 신의 존재도 여전히 논쟁거리다. 그 이름이 히브리어 '선지'(先知)에서 비롯되었다거나 태양신을 가리킨다고도 한다. 혹은 당연히 불의 신으로 봐야 한다는 주장도 있다. 또는 여호와 신앙이 사실은 몰록 숭배에서 비롯되었고 그 변형된 형태인데 그중 아이를 제물로 바치는 잔인한 면만 빼버렸다는 설도 제기되었다. 이 외에도 몰록이라는 명칭이 사실은 신의 이름이 아니라 번제라는 행위 자체를 가리킨다고도 한다.

이후 고대 가나안의 도시국가 우가리트 유적지에 대한 연구가 진행되면서 몰록이라는 신이 분명 존재했다고 확신하는 이들도 등장했다. 이렇듯 그 존재에 대해서는 다양한 견해가 공존하며 현재까지 정설로 여겨지는 것은 없는 상태다.

# 041

# 드라코노피데스
Draconopides

15세기 플랑드르의 화가 휘호 판 데르 후스가
1465-1473년에 제작한 〈인간의 타락〉(Fall of Man)
에 등장하는 인간 형상의 고대 뱀

성경에서 뱀은 에덴동산에서 하와를 유혹한 죄로 하나님의 저주를 받아 지금의 모습이 된다. 저주로 변하기 전 모습은 늘 신학적 논란거리였다. 유대교 신비주의적 교파인 카발라의 문헌 『조하르』에 따르면, 뱀은 본래 사람처럼 두 다리로 섰으며 키는 낙타와 비슷했다. 이후 하나님의 저주를 받아 팔과 다리가 잘려나가고 혀는 갈라졌다. 말하는 능력도 빼앗겼기 때문에 쉬쉬 소리만 낼 수 있게 되었다. 또 다른 이야기로는 에덴동산의 뱀이 스랍(→39번 참조) 즉, 날개 달린 불뱀이었다고도 한다.

초기 유럽 화가들의 작품에서 이 뱀은 보통의 뱀들처럼 묘사되는 때가 많았다. 그러다가 12세기에 이르러 인간의 특징이 더 많이 더해지기 시작하면서 여성의 머리가 달린 모습에 상반신과 팔까지 지니게 되었다. 이 같은 뱀의 여성 형상을 '드라코노피데스'(Draconopides)라는 이름으로 불렀으며, '드라코니피데스'(draconiopides), '드라콘노페데스'(draconcopedes), '드라코니페스'(draconipes)라고도 했다. 이는 그리스어에서 유래한 명칭으로 '용의 발'을 의미한다. 이러한 형상은 릴리트(Lilith)를 묘사할 때도 가끔 사용된다. 15세기에 들어서면서 드라코노피데스는 더욱 복잡한 모습으로 형상화된다. 여전히 여성의 특징을 지니고 있지만 박쥐 날개가 달린 모습이 용과 더욱 비슷해 보인다.

# 042

# 메피스토펠레스

Mephistopheles

프랑스 화가 외젠 들라크루아가 1828년에 그린
〈공중의 메피스토펠레스〉

메피스토펠레스(Mephistopheles)는 메피스토필루스(Mephistophilus), 메피스토(Mephisto), 메포스토펠레스(Mephostopheles), 메피스토필리스(Mephistophilis), 메파스토필리스(Mephastopilis) 등 여러 이름으로 불린다. 그 이름의 기원에 대해서도 다양한 해석이 존재한다. 히브리어로 풀이할 경우, 앞부분은 'mēp̄is' 즉 '퍼뜨리는 자'를 의미하고, 뒷부분은 'tōp̄el šeqer' 즉 '파괴자'를 뜻한다. 그리스어로 해석할 경우에는, 메(μή, 아니다) + 포스(φώς, 빛) + 필로스(φίλος, 사랑하는 자)의 합성어로 '빛을 증오하는 자'를 의미하는데 이는 '루시퍼'를 모방한 것으로 추정된다. 또는 라틴어 '메피티스'(mephitis)와 그리스어 '필로스'(philos)가 합쳐진 말로 '악취를 좋아하는 자'로 풀이하기도 한다. 이 외에도 메포스토펠레스(Mephostopheles)에서 '포스토'(phosto)는 '파우스트'(Faust)가 변형된 글자이기에 '파우스트를 증오하는 자'를 뜻한다고 보기도 한다. 이처럼 메피스토펠레스라는 이름의 의미에 대해서는 여러 해석이 공존한다. 그중 가장 공식적인 해석은 르네상스 시대 크게 유행했던 그리스어와 히브리어를 모방한 조어법으로 탄생한 명칭이라고 보는 것이다. 이처럼 일부러 어려운 말로 꾸며대는 이유는 신비한 색채를 더하기 위해서였다고 한다.

메피스토펠레스는 독일 전설에 나오는 악마로 파우스트 전설과 관련이 깊다. 메피스토펠레스는 1527년 출판된 『파우스트식 마법책』(*Praxis Magia Faustiana*)에 처음 등장한다. 괴테가 조사한 문헌에 따르면 그는 회색 옷의 수도사 모습을 하고 있다. 17세기에 들어서 메피스토펠레스는 파우스트 전설에서 점차 분리되어 자기만의 독특한 매력을 지닌 독립적인 존재로 자리매김한다.

# 043

# 파네스

Phanes

로마시대의 파네스 부조상

(이탈리아 모데나 박물관 궁전 소장)

'파네스'(Phanes)라는 이름은 '빛을 가져오다' 또는 '빛나다'라는 뜻이며, '프로토고노스'(Protogonos) 즉 '제일 먼저 태어난 자'로 불리기도 한다. 일반적으로 자웅동체이며 뱀이 몸을 휘감고 있고 황금 날개를 가진 신으로 묘사된다. 한 손에는 권위의 지팡이를 들고 또 다른 손에는 벼락을 쥐고 있다. 머리 위에는 뱀이 한 마리 있는데, 이는 최초에 우주의 알을 품었던 뱀으로 크로노스의 형상을 하고 있다. 몸에 붙어 있는 사람 머리와 소머리, 사자 머리 역시 크로노스의 모습에서 유래했다.

파네스는 오르페우스교의 창세 신화에서 빛의 신으로 나오며 그의 출현으로 모든 것이 생겨나고, 드러나게 되었다. 시간의 신 크로노스 혹은 아이온은 우주의 알을 창조하며, 크로노스의 아내 아난케(Ananke)는 이를 부화한다. 또는 밤의 여신 닉스가 부화했다는 설도 있는데 바로 그 알에서 탄생하는 것이 파네스다. 닉스는 밤을 창조하고, 파네스는 낮을 창조한다.

고대 그리스의 희극작가 아리스토파네스는 파네스를 에로스와 동일시했는데, 닉스가 창조한 알에서 에로스가 태어났으며 에레보스(erebus)의 끝없는 어둠 속에 놓여 있다가 이후 카오스와 결합해 새(Birds)를 낳았다고 보았다. 미트라교는 로마 상류층의 지지를 얻기 위해 기독교와 맞서면서 파네스의 신성과 업적을 미트라에게 그대로 부여했고 그 결과 미트라가 바위에서 탄생했다는 신화가 탄생한다.

# 044

# 벨과 용

Bel and the Dragon

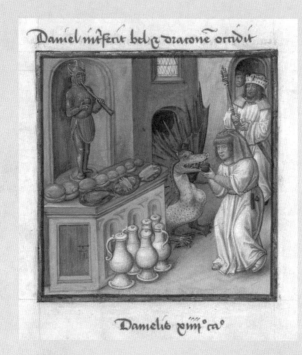

15세기 성경 필사본에 등장하는 다니엘과 용

'벨과 용'(Bel and the Dragon)은 다니엘서의 제2경전이다. 제2경전이란 유대교 정경(제1경전)에는 포함되지 않지만, 『70인역』(현존하는 가장 오래된 그리스어역 구약성서―옮긴이)과 라틴어 번역본에는 들어가 있는 경전을 말한다. 로마 가톨릭교회와 그리스 정교는 정경으로 인정하지만 유대교와 개신교는 인정하지 않다 보니 현대 개신교 성경에는 수록되지 않았다.

다니엘은 페르시아 키루스 대왕의 친한 친구였다. 기록에 따르면 키루스왕은 바빌로니아를 정복한 뒤 바빌로니아인이 우상으로 섬기던 벨을 숭배하기 시작하면서 벨 신상에 제사를 드렸다. 그렇다 보니 바빌로니아인들은 하루도 빠짐없이 밀가루 24포대와 양 46마리, 포도주 6통을 벨 신상에게 제물로 바치곤 했다.

하지만 다니엘이 보기에 벨 신상은 청동을 입힌 진흙 조각상에 불과하며 그 어떤 것도 먹고 마신 적이 없었다. 그러자 키루스왕은 벨의 사제 70명을 불러 벨이 제물을 먹는 것을 증명하지 않으면 그들을 죽일 것이라 선포했다. 반면 그들이 증명해낼 경우 다니엘이 자신의 손에 죽는다고 말했다. 다급해진 벨의 사제들은 비밀 통로를 통해 자기 가족을 신전 안으로 들여보내 제물을 모두 먹어치우게 했다. 하지만 사전에 다니엘이 신전 바닥에 재를 뿌려두었던 터라 그들의 발자국이 그대로 남게 되었다. 결국, 키루스왕은 사제들을 모두 죽이고 다니엘은 벨의 신상과 신전을 허물어버렸다. '벨'은 아카드어 'bēlu'에서 유래했는데 신에 대한 존칭 중 하나로 '주인'이라는 뜻이다. 아시리아와 신바빌로니아 시기에는 마르두크를 부르던 특별한 존칭어로 사용되기도 했다.

이외에도 당시 바빌로니아에서는 거대한 용 한 마리를 섬기고 있었다. 다니엘은 역청, 비계, 머리카락을 한데 넣고 끓여 덩어리로 만들어서는 이 용에게 먹였다. 그러자 용의 배가 점점 부풀어오르더니 그만 배가 터져 죽어버렸다. (용에게 무언가를 먹여 죽인다는 내용은 알렉산더 대왕의 전기에도 비슷하게 등장한다. 알렉산더 대왕은 용의 입에 독약과 타르를 던져 넣어 용을 물리친다. 혹은 이 신화의 기원을 마르두크와 티아마트의 싸움에서 찾는 경우도 있다. 마르두크는 폭풍을 조종해 티아마트의 몸을 찢어 놓는다. 이 신화는 후세에 다양한 버전으로 변형되어 등장한다. 여호와가 레비아탄을 죽이고, 미가엘이 큰 붉은 용과 싸워 이기며, 성 조지가 용을 무찌른다.)

이런 다니엘의 행동에 분노한 바빌로니아인들은 왕에게 강력하게 요구해 다니엘을 넘겨받은 뒤 사자 굴에 던져버렸다. 굴에는 사자 6마리가 있었는데 평소에는 매일 사람 2명과 양 2마리를 먹어치웠다. 하지만 이번에는 다니엘이 사자에게 단번에 잡아먹히도록 아무 먹이도 주지 않았다. 그런데 놀랍게도 사자들은 다니엘을 털 끝 하나 건드리지 않았다. 또한, 다니엘이 사자 굴에 머무는 6일 동안 천사들은 선지자 하박국을 사자 굴로 데려와 다니엘에게 먹을 것을 주도록 했다. 6일이 지나 사자 굴을 살피러 온 키루스왕은 멀쩡하게 살아 있는 다니엘을 발견하고는 그 자리에서 신을 찬양하며 다니엘을 사자 굴에서 꺼냈다. 그리고 다니엘을 모함한 자들을 모두 사자 굴에 던지라고 명했다.

# 아바돈
Abaddon

리에바나의 베아뚜스가 저술한 이베리아 전통
의 요한계시록 주해서 친필 원고. 1072년 이전
에 책으로 출간되었으며, 그림 속 아바돈의 어깨
와 목 부분에 사탄이라는 글자가 쓰여 있다.

아바돈(Abaddon)은 '파괴'(멸망), '파괴자'(멸망자)란 뜻의 히브리어다. 이 단어는 구약 성경에서 파괴라는 명사나 형용사로만 사용되었으며 특정 괴물이나 악마의 이름으로 소개된 적은 없다. 아바돈은 요한계시록에서 처음으로 괴물로 등장한다. 요한계시록 9장 11절은 이렇게 말한다. "그것들은 아비소스의 사자를 자기들의 왕으로 떠받들었는데, 그 이름은 히브리말로는 아바돈이요, 그리스말로는 아볼루온입니다"(새번역성경). 여기서 아바돈과 아볼루온 모두 파괴자를 의미한다.

계시록에는 다섯 번째 천사가 나팔을 불면 무저갱의 문이 열리고 그 안에서 메뚜기 떼가 쏟아져 나온다고 기록되어 있다. "그 메뚜기들의 모양은 전투 채비를 한 말들과 같고, 머리에는 금 면류관과 같은 것을 쓰고, 그 얼굴은 사람의 얼굴과 같았습니다. 그리고 그것들은, 여자의 머리털 같은 머리털이 있고, 이빨은 사자의 이빨과 같고, 쇠로 된 가슴막이와 같은 가슴막이를 두르고, 그 날개 소리는 마치 전쟁터로 내닫는 많은 말이 끄는 병거 소리와 같았습니다. 그것들은 전갈과 같은 꼬리와 침이 달려 있었는데, 그 꼬리에는 다섯 달 동안 사람을 해할 수 있는 권세가 있었습니다"(계 9:7-10, 새번역성경). 이처럼 성경에는 아바돈이 거느리는 메뚜기 떼의 모습만 묘사되어 있을 뿐 아바돈의 형상에 대한 언급은 없다. 중세에는 메뚜기 떼의 왕이라는 설명을 토대로 메뚜기의 특징을 지닌 모습으로 형상화했다.

아바돈의 모습이 구체적으로 묘사되고 요한계시록에 실리면서 신학자와 성경 연구가들은 그의 신분에 관한 다양한 고증과 견해를 내놓기 시작했다. 아바돈의 그리스어 명칭이 아볼루온이라는 사실에 근거하여 아폴론 숭배와 연관시키면서 아폴론을 경멸하여 부르는 호칭으로 보기도 한다. 또는 그리스도에 대항하는 자, 악마나 사탄이라고 보는 이들도 있다. 다섯 번째 천사가 나팔을 불 때 떨어진 별이라는 주장도 있는데, 무저갱을 열 수 있는 열쇠를 가지고 있으며 신의 명령을 실행하고 세상을 멸망시키러 온 천사라는 것이다. 이 외에도 부활한 예수의 또 다른 이름이라고 주장하는 이들도 있다.

요한계시록이 예언서이다 보니 사람들은 그 예언을 증명하는 사건을 일부러 찾아다니기도 한다. 예컨대 서기 70년 로마 제15군단이 예루살렘을 철저히 파괴할 것을 아바돈이 예언했다는 주장도 있다. 또는 아바돈과 그의 메뚜기 군단이 이슬람교의 번성을 예언하고 있다는 견해도 나왔다. 성경에 다섯 달 동안 사람들을 괴롭힌다고 쓰여 있는데 여기서 하루는 1년을 암시하며 다섯 달은 150년은 의미한다는 것이다. 그리고 이는 서기 612년에서 762년까지의 마호메트의 통치 기간과 정확히 일치하며 서기 830년에서 980년까지 사라센인이 십자군에 대항한 시기와도 들어맞는다는 주장이다.

# 046

# 이블리스
Iblis

이블리스가 인간의 조상인 아담에게 무릎 꿇기를 거부하는 장면이다. 무함마드 이븐 자리르 알타바리가 저술한 『예언자들과 제왕의 역사』 (*History of the Prophets and Kings*), 15세기 초기 필사본 판본에 수록된 그림

이블리스(Iblis)는 '사악한 자'라는 의미로 이슬람교에서는 '알-샤이탄'(al-Shaitan)을 가리킨다. 이블리스는 자신이 불에서 창조되었다는 이유로 진흙에서 나온 인간의 조상인 아담에게 무릎 꿇고 절하기를 거부한다. 그리고 그 대가로 최후 심판의 날에 지옥으로 떨어질 운명을 맞는다. 여기에 대한 복수로 이블리스는 모든 인간을 유혹해 아무도 온전한 길로 들어서지 못하게 만들겠다고 맹세한다. 이로써 이블리스는 천사가 아닌 '진'(jinn)으로 불린다(천사는 빛[nūr]에서 창조되어 죄를 범할 수 없는 존재지만, 진[jinn]은 불[nār]에서 창조되어 죄를 범할 수 있는 존재로 여겨진다—옮긴이).

# 047

# 헬 마우스

Hellmouth

익명의 네덜란드 예술가가 제작한 책, 『캐서린 클레베스의 시간』(*The Hours of Catherine of Cleves*)에 등장하는 헬 마우스(1440년)

헬 마우스(Hellmouth, 지옥문)는 중세기 종교 예술 작품에 자주 등장하며 현재까지 이어져 내려오는 개념이다. 주로 거대한 괴물이 시뻘건 입을 쩍 벌리고 있는 모습으로 표현된다. 그 입속이 바로 지옥 또는 연옥을 상징하는데, 영원히 닫히지 않으며 언제나 새 영혼이 고통과 죽음으로 가득한 지옥 안으로 들어오기만을 기다리고 있다. 일부 그림에서는 이런 내용을 강조하기 위해 지옥의 뜨거운 불길 속에서 고통스럽게 발버둥치는 영혼을 헬 마우스 안에 그려 넣기도 한다.

헬 마우스라는 개념은 앵글로 색슨족에게서 유래했다고 보기도 한다. 현존하는 앵글로 색슨족 유물에서 최초로 헬 마우스 형상이 등장했다는 이유였다. 하지만 헬 마우스는 펜리르(Fenrir, 북유럽 신화에 나오는 괴물 같은 늑대─옮긴이)에서 유래되었을 가능성이 더 높다. 신화에 따르면 펜리르가 라그나뢰크의 주신 오딘을 물어 죽이자, 오딘의 아들 비다르가 이 늑대의 아래턱을 발로 밟은 채 그 입을 둘로 찢어버린다. 전파되는 과정에서 기독교는 이 신화를 흡수했고, 영국 고스포스 십자가(Gosforth Cross)에 이 신화의 내용을 묘사한 부조가 등장한다. 세익스피어의 『맥베스』에도 이와 관련된 표현이 등장하는데 "최후의 심판을 고하는 천둥소리"(the crack of doom)로 번역된다.

『베르첼리 설교집』에서 사탄은 거대한 용으로 표현된다. 사탄은 죄를 짓고 지옥에 떨어져 고통받는 영혼들을 삼켜버리는데 죄인들은 절대 그 목구멍에서 기어 나올 수 없다. 이에 대해 사탄이 죄인의 영혼을 삼킨다고 해서 헬 마우스와 사탄을 동일시하는 건

옳지 않다는 견해도 있다. 선지자 요나는 신이 부여한 사명을 거부하고 도망치다 물고기 뱃속에 갇힌다. 가톨릭에서는 물고기 뱃속에서 지옥에서와 다름없는 고통을 겪으며 깊은 어둠 속에서 울부짖는 요나 이야기를 근거로 헬 마우스를 물고기 입과 동일시하기도 한다. 혹은 헬 마우스를 신과 싸움을 벌였던 바다괴물 레비아탄과 관련시켜 레비아탄의 입으로 보기도 한다. 고대 영국에서는 헬 마우스를 고래 입에 비유하기도 했다. 고래 입 안의 달콤한 향기에 이끌린 물고기가 고래 입속으로 들어가는 순간 입이 굳게 닫히고 물고기는 고래 뱃속에서 죽게 된다. 이런 내용은 아스피도켈론(→ 99번 참조)을 언급할 때도 나온다.

헬 마우스를 주제로 한 무대나 놀이 기구는 중세부터 르네상스 시대를 거쳐 지금까지도 존재한다. 초기에는 기계 장치의 형태로 무대 위에 등장하거나, 헬 마우스 뒤로 성이 자리 잡는 경우가 많았다. 반면 현대에는 주로 다양한 놀이 시설을 갖춘 테마 파크에서 귀신의 집 입구로 쓰이고 있다. 종교적 선도의 의미로 사용되다가 이제는 단순한 공포 오락물 장식으로 바뀐 것이다.

# 048

# 아브락사스

Abraxas

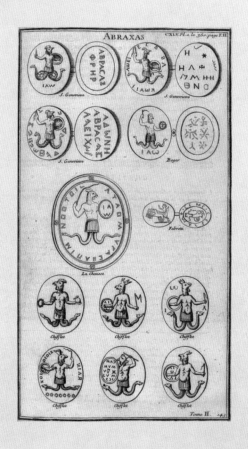

생제르맹데프레 교회 베네딕토회의 생모르 수
도회 몽포콩 신부가 1719년 발간한 『고대유물
도해주석』(*L'Antiquité expliquée et représentée en figures*)에 삽입
된 아브락사스 그림

아브락사스(Abraxas)는 아브라삭스(Abrasax)로 쓰기도 한다. 처음에는 아브라삭스였는데 이후 그리스어 문자 시그마(Σ)와 크시(Ξ) 사이에 혼동이 발생하면서 아브락사스라는 변형된 형태가 생겼다. 그리고 이 변형된 명칭이 본래 명칭 대신 주요 호칭으로 자리 잡는다. 아브락사스는 영지주의의 주요 개념 중 하나로 "위대한 통치자"라 불렸다. 이 낱말과 그 형상은 영지주의 문헌이나 주문, 마법의 보석에 많이 새겨져 있다.

아브락사스(Abraxas)는 그리스어를 영어로 바꿔 쓴 것으로, 그리스어로는 'ΑΒΡΑΣΑΞ'라고 표기한다. 에우리피데스는 『히폴리토스』에서 영지주의를 소개하면서 바실레이데스파(派)를 언급하는데 'ΑΒΡΑΣΑΞ'에는 숫자 365가 들어 있다고 한다. A=1, B=2, P=100, A=1, Σ=200, A=1, Ξ=60이며 이 숫자 값을 모두 더하면 365가 된다는 것이다. 이는 1년의 총 날수 365와 일치하기에 365개의 천당과 365가지 미덕을 지닌 통치자를 뜻한다. 바실레이데스파는 아브락사스를 가장 위대한 신이자 최고의 주, 전지전능한 주, 조물주의 주라 불렀다.

아브락사스는 일반적으로 수탉의 머리를 하고 있으며 그리스 신화의 태양신 포이보스(Poebus)에서 유래했다고 본다. 가끔 사자 머리가 달린 경우도 있는데 이집트 태양신 라(Ra) 또는 미트라(Mithra)의 영향으로 간주한다. 이 외에도 당나귀 머리에 인간 몸을 하고 투구와 갑옷을 두르고 있으며 두 다리는 닭의 볏을 단 뱀으로 이루어진 도상도 있다. 이 뱀은 아가토다이몬(Agathodaemon)이라 불린다. 오른손에는 곤봉이나 도리깨를 쥐고 있고 왼손에는 원형 또는 타원형 방패를 들고 있는데 간혹 전갈이 함께 있는 모습도 보이며 이러한 형상을 '앙구이페데'(Anguipede)라고 부른다.

이후 아브락사스는 지중해 지역에 광범위하게 전해지면서 다양한 문화와 종교로 흡수되었다. 이집트에서는 인간 모습을 하고 태양신과 함께 태양 마차를 몰고 등장한다. 간혹 사자 위에 서 있는 형상도 보이는데 악어가 이 사자를 등에 지고 있다. 또는 이시스, 네이트(Neith, Neit), 아톤, 아누비스 등과 관련된 이름으로 보기도 한다. 그리스에서는 아브락사스가 아프로디테, 제우스, 헤카테와 관련된다. 간혹 유대 신비주의 카발라에 나오는 아담 카드몬으로 보는 경우도 있다. 유대교에서는 아브락사스를 문자 부호로 표현하는데, 'ΙΑΩ ΑΒΡΑΣΑΞ ΑΔΩΝΑΤΑ' ("이아오 아브락사스여, 당신은 주님이십니다")와 같은 문구가 발견되기도 했다. 이 밖에도 유명한 주문인 '아브라카다브라'(Abracadabra)의 어원이 바로 '아브락사스'(Abrasax)이다.

가톨릭교회가 대대로 영지주의를 반대하면서 아브락사스 역시 숭배받는 신에서 악마로 신분이 바뀐다. 19세기 『지옥사전』(Dictionnaire Infernal)에서 아브락사스는 머리에 왕관을 쓴 대머리 고블린으로 묘사된다. 한 손에는 채찍을 쥐고 또 한 손에는 마법 보석 비슷한 펜던트를 들고 있으며 두 다리는 뱀이 휘감고 있다.

4. 종교 전설 — 아브락사스

# 049

# 미르메콜레온

Myrmecoleon

『뉘른베르크 연대기』에 등장하는 미르메콜레온
판화

미르메콜레온(Myrmecoleon, 개미사자)은 성경의 오역에서 비롯되었다. 이집트를 다스리던 프톨레마이오스 왕조의 프톨레마이오스 2세는 독서를 즐겨 했는데 자신의 집권 시기에 히브리어 성경을 그리스어로 번역하도록 지시했다. 처음에는 모세오경을, 그 뒤를 이어 정경 39권과 제2경전, 위경 15권까지 모두 번역되었다. 이를 유대인 학자 72명이 번역했다고 해서 『70인역』이라 부른다. 유대인들이 히브리 성경을 그리스어로 번역하다 보니 다양한 이유로 원문과 맞지 않는 부분이 다수 있었는데 '미르메콜레온'도 그중 하나였다. 욥기에서 사자를 언급하면서 다소 생소한 단어인 'lajisch'를 사용했는데, 다른 번역본에서는 이 단어를 사자나 호랑이로 번역한 반면 『70인역』에서는 '미르메콜레온'(Myrmecoleon)이라는 단어를 사용했다.

교황 그레고리오 1세는 욥기 주해 총론에서 『70인역』 번역을 거론한 바 있다. 그는 '미르메콜레온'을 오역으로 보지 않았으며 오히려 이에 대해 자세히 설명했는데 이 작은 동물은 모래 속에 숨어 있다가 먹이를 운반해가는 개미를 사냥한다는 것이다. 그러면서 이 동물을 미르메콜레온(개미사자)이라고 부르는 건 적합한 표현이라고 덧붙였다. 큰 동물 입장에서 미르메콜레온은 개미와 비슷한 작은 동물이며 잡아먹을 수도 있다. 하지만 개미 입장에서는 미르메콜레온이 사자처럼 위험한 존재다.

13세기 기욤 르 끌렉(Guillaume le Clerc)의 『동물우화집』에도 미르메콜레온에 관한 기록이 남아 있다. 이 책에서 미르메콜레온은 개미로 분류된다. 동시에 이 개미는 사자이기도 한데 사자 가운데 크기가 가장 작지만 누구보다 대범하고 영리하다. 미르메콜레온은 다른 개미들을 증오해서 모래 속에 몸을 숨기고 있다가 개미가 지나가면 즉시 튀어나와 잡아간다.

출처가 명확하지 않은 또 다른 설에 따르면, 미르메콜레온은 사자와 개미의 교배로 태어났다. 개미 몸에 사자 머리가 달려 있으며, 두 동물의 생리적 습성을 몸에 모두 지니고 있다. 사자의 머리는 고기만 먹을 수 있는데 반해 개미의 몸은 곡물만 소화시킬 수 있기에 결국은 굶어 죽는다.

# 050

# 아이온
Aion

아이온 상 (바티칸미술관 소장)

아이온(Aion)은 그리스 신화에서 시간과 관련된 신이다. 크로노스가 시간을 과거, 현재, 미래로 나누었다면 아이온의 시간은 무한하며 영원하다. 아이온은 쿠벨레와 디오니소스, 오르페우스, 미트라의 교리와 연관되어 있다. 그는 뫼비우스의 띠 한가운데나 그 근처에 서 있는 청년 혹은 소년의 모습으로 표현되는데 여기서 뫼비우스의 띠는 황도대 또는 시간의 영원한 순환을 의미한다. 아이온에 대한 신화에서 시간은 항상 순환하기에 그를 노인으로 상상하는 때도 있다.

5세기 고대 철학자 마르티아누스 카펠라는 크로노스(Chronos)를 아이온으로 정의했다. 그런데 비슷한 이름 때문에 크로노스(Chronos, 시간의 신—옮긴이)와 크로노스(Kronos, 농업의 신이자 제우스의 아버지—옮긴이)가 혼동되면서 아이온과 크로노스(Kronos) 역시 동일 인물로 간주하였고, 아이온이 레아(Rhea, 크로노스[Kronos]의 아내—옮긴이)의 남편으로 알려지게 되었다.

이와 달리 에우리피데스는 아이온이 제우스의 아들이라고 주장하기도 했다. 기독교와 신플라톤주의 시대에는 아이온이 디오니소스와 동일 인물로 여겨졌다. 10세기 비잔틴의 백과사전『수다』(Suda)에는 아이온과 오시리스가 관련된 것으로 나온다. 이집트 프톨레마이오스 왕조시대 알렉산드리아에서는 사라피스(Sarapis)가 아이온 플루토니우스(Aion Plutonius)와 동일시되었다. 플루토니우스라는 이름은 플루토(Pluto, 로마 신화의 저승의 신, 그리스 신화의 하데스—옮긴이)가 변한 것으로 엘레우시스 신비의식(Eleusinian Mysteries, 고대 그리스에서 가장 유명한 비밀종교 의식—옮긴이)과 관련되어 있으며 페르세포네의 남편 또는 저승의 통치자를 가리킨다.

알렉산드리아에서는 아이온이 1월 6일 처녀 여신 코레(kore)에게서 탄생했다고 믿었다. '코레'는 소녀, 처녀라는 뜻으로 저승 세계의 여왕 페르세포네를 일컫는다. 당시 사람들은 이 날을 새로운 해의 시작으로 여기면서 축하 의식을 거행하고 아이온이 주는 시간의 순환에 감사하는 제사를 지냈다. 이 아이온을 오시리스 곧 디오니소스의 변형으로 보기도 한다. 또는 아이온이 오르페우스교, 파네스와 합쳐져 알렉산드리아의 미트라교로 흡수되면서 이 도시의 영원함을 상징하게 되었다고도 알려졌다.

로마 통치자들은 아이온을 로마의 영원한 번영을 나타내는 상징이나 수호신으로 보았다. 그들은 아이온을 동전에 새겨 넣고 그와 짝을 이루는 영원의 여신 아이테르니타스(Aeternitas)도 만들었다. 그리고 이 둘을 불사조와 연관 지어 환생과 순환의 상징물로 삼았다.

현대에 이르러 학자들은 미트라교의 우주관을 재정립하면서 아이온을 '무한한 시간'으로 정의 내렸다. 그는 혼돈 속에서 탄생했으며 사자 머리 남성으로 형상화되었다. 그의 벗은 몸은 뱀이 휘감고 있으며, 손에는 권위의 지팡이나 열쇠 또는 번개가 들려 있다. 현재는 이러한 형상을 레온토세팔린(leontocephaline)이라 부르며 미트라교에서 중요한 의미가 있었을 것으로 추정한다.

# 동방 여러 민족 전설

# 051

# 블레미에스

Blemmyae

떼루안느 동물 우화집에 나오는 블레미에스

(1277년경 제작)

블레미에스(Blemmyae)는 유럽인의 기이한 이야기 속에 등장하는 머리 없는 종족으로 그 모습은 중국의 형천(刑天, 『산해경』에 나오는 머리 없는 괴물―옮긴이)을 떠올리게 한다. 이들은 가슴에 눈이 달렸다는 뜻의 '스테르노살모이'(Sternophthalmoi)와 머리가 없다는 뜻의 '아케파로스'(Akephalos)로도 불린다. 헤로도토스의 『역사』에 따르면 이 종족은 리비아 서쪽 지방에 살며 눈이 가슴에 붙어 있다. 플리니우스의 『박물지』에는 크테시아스가 남긴 기록이 인용되어 있는데, 홍해 해안과 트로글로디테(Troglodytae, 굴속에 사는 사람들) 거주지 서쪽에 목 없고 눈이 어깨에 달린 사람들이 살고 있다고 한다.

중세에 이르러 머리 없는 사람에 관한 전설은 널리 퍼져 나간다. 파라스마네(Pharasmane)가 로마의 제14대 황제 하드리아누스에게 보낸 편지에는 그들에 관한 전설이 적혀 있는데, 이 편지는 라틴어로 번역되었다. 편지에는 에티오피아 브리손 강의 작은 섬에 머리 없는 종족이 사는데, 이 종족은 금색 피부에 키는 대략 3.6미터이며 몸 크기는 2.1미터 정도라고 기록되어 있다. 알렉산더 전기를 보면 알렉산더 대왕이 원정길에 머리 없는 종족을 만났다는 기록이 등장한다. 이들은 1.8미터 정도 되는 키에 피부는 금색이며 수염이 무릎까지 내려온다. 알렉산더 전기의 또 다른 판본에도 알렉산더 대왕이 머리 없는 사람 30명을 사로잡았다고 나온다.

중세 후기 머리 없는 종족에 대한 전설은 유럽인의 세계관이 변하면서 아시아로 그 무대가 옮겨진다. 『맨더빌 여행기』에는 머리 없는 종족이 인도와 미얀마 사이의 '던데야'(Dundeya, 안다만 제도, Andaman Islands―옮긴이)라는 섬에 살고 있으며 매우 흉측한 토착민이라고 나와 있다. 머리가 없으며 눈은 어깨에 달렸고, 가슴 중앙에 있는 입은 말편자처럼 생겼다. 이들은 주변에서 악독하기로 소문이 자자한데 파렴치하고 저주받은 종족이라고 한다.

대항해시대로 접어들면서 유럽인들의 머리 없는 종족에 대한 상상은 아메리카대륙으로 향한다. 16세기 영국의 탐험가 월터 롤리 경은 가이아나(Guyana)에 관한 탐험 보고서에서 머리 없는 종족에 관해 이야기했다. 그는 이 종족을 이와이파노마(Ewaipanoma)라고 부르면서 직접 만난 적은 없지만 확실히 존재한다고 믿었다. 전설에 따르면 이들은 눈이 어깨에 붙어 있고, 입은 가슴에 달렸으며, 어깨 뒤쪽으로 긴 머리카락을 늘어뜨리고 있다.

역사적으로 블레미에스의 모델이 된 종족이 실제로 존재했다. 그들은 주로 베자족으로 구성된 유목민 부족으로 고대 누비아 일대에서 활동했다. 고대 그리스 역사가 스트라본의 기록에 따르면 이들은 메로에 동쪽 사막에 주로 거주하며 평화를 사랑하는 종족이었다. 하지만 이집트 지역을 여러 차례 침략했고 로마와 전쟁을 벌이기도 했다. 이들은 누비아 신화의 태양 신 만둘리스와 전쟁의 신 안후르, 이시스를 숭배했다. 이렇게 머리 없는 종족이 세상에 전해진 데는 걸출한 역사학자이자 박물학자인 헤로도토스의 공이 가장 크다.

# 052

# 안드로파기
Androphagi

앙드레 테베의 작품 〈레반트 우주론〉(Cosmogra-
phie de Levant, 1575년)에 나오는 안드로파기

안드로파기(Androphagi)는 고대 그리스어로 '사람을 먹는 자'를 의미한다. 그들은 스키타이 북쪽에 사는 오랜 역사를 지닌 종족으로 드네프르 강과 돈 강 상류 지역의 숲 속에 살고 있다고 전해진다. 이 종족에 관한 최초 기록은 헤로도토스의 『역사』에 나오는데, 스키타이인의 인근 부족 중 하나로 유목을 하며 살아간다. 스키타이인과 비슷한 복장을 하고 있지만 풍습이나 습관은 어떤 부족보다 야만적이다. 그들 사회에는 정의라는 개념 자체가 없고 어떤 도덕적 규칙이나 법도 따르지 않는다. 언어를 가진 것으로 보면 문명사회에 진입한 것으로 보이지만 다른 문명인과 달리 사람까지 먹잇감으로 삼는다.

플리니우스의 『박물지』에도 안드로파기가 기록되어 있는데, 묘사가 훨씬 구체적이다. 이 종족은 인간의 두개골로 물을 마시며, 인간의 두피를 벗겨 마치 냅킨처럼 가슴 앞쪽에 걸고 다닌다. 후기 로마 제국의 역사가 암미아누스 마르켈리누스는 현존하는 『사건연대기』(Rerum gestarum libri)라는 제목의 역사책에서 안드로파기의 식인 특성을 언급했다. 이들은 유럽 동북부의 광활한 지역에 거주하는 종족으로 주로 인육을 먹고 살아간다. 다른 부족은 이들의 먹잇감이 되지 않기 위해 그들에게서 멀리 떨어진 곳에 터를 잡고 산다. 그 결과 유럽 동북부에서 중국 서북부에 이르는 드넓은 땅덩어리에 사람이 거의 살지 않게 되었다.

근대에 이르러서는 이러한 문헌들에 기록된 이상한 종족들이 서로 뒤섞이기 시작했다. 셰익스피어는 자신의 작품 『오셀로』에서 머리 없는 종족과 식인종 안드로파기를 하나로 합쳐놓았다. 이들은 서로 잡아먹는 식인종으로 머리가 없고 어깨 아래 이목구비가 달린 모습으로 등장한다.

현대 학자들은 '안드로파기'라는 명칭이 고대 이란의 북방어 'mard-xwaar'를 고대 그리스어로 옮긴 것으로 추정한다. 혹은 이 단어가 '사람을 먹는 자'를 의미하는 스키타이어라는 설도 있다. 이후 'mard-xwaar'는 '모르드바'(Mordva) 또는 '모르드빈'(Mordvin)으로 변하는데 러시아의 중부 유럽권의 모르드바 공화국을 말한다.

현대에 오면 식인종을 '카니발'(Cannibal)이라 부른다. 이 명칭은 대항해 시대 스페인이 서인도양 군도에 도달했을 때 카리브인들이 종교의식에서 사람을 먹는 것을 보고 야만족 '카니발'(Canibal)이라고 경멸하여 부른 호칭에서 비롯되었다. 그 결과 안드로파기에 대한 상상과 발견된 장소 역시 유럽 변두리에서 남아메리카나 오세아니아, 아프리카 등 미지의 땅으로 옮겨간다. 피지, 아마존 강 유역, 콩고, 뉴질랜드의 마오리족도 서로 잡아먹는 풍습이 상당 기간 존재했으며 과거 피지는 식인 섬으로 불리기도 했다. 이 부족들에게 식인은 일종의 문화적 행위이지 생리적 필요나 유전과는 관계가 없다. 이들은 어떤 사람을 먹으면 그의 특정 기질을 가져올 있다고 믿었다. 그래서 부족민이 죽으면 그를 먹음으로써 죽은 자의 영혼이 자손에게 이어진다고 생각했고, 적을 먹어 상대와 싸워 이겼음을 나타내기도 했다. 그 결과 '안드로파기' 역시 사람들 사이에서 더 자주 사용되는 '카니발'로 점차 대체된다.

# 파노티

Panotii

울리세 알드로반디의 『괴물의 역사』(*Monstrorum historia*)에 나오는 파노티

파노티(Panotii)는 그리스어에서 유래한 말로 '열심히 귀를 기울이다'라는 뜻이다. 플리니우스의 『박물지』에는 그들이 스키타이의 아말키안 바다 어떤 섬에 살고 있다고 나와 있다. '아말키안'(Amalchian)은 그 지역 말로 '얼다'라는 의미이며, 킴브리족은 사해(Dead Sea)라는 뜻의 '모리마루사'(Morimarusa)로 부르기도 했다. 플리니우스는 『박물지』에 이 섬의 이름을 기록하지 않았다가 이후 '온통 귀에 정신을 모으는 섬'이라고 불렀다.

파노티 종족에게는 몸 전체를 덮는 큰 귀가 있다. 밤에는 귀의 주름 속에서 잘 수 있고, 담요나 이불을 대신하여 덮으면 추위를 피할 수 있다. 낮에는 옷 대신 귀를 감고 돌아다니는데, 수줍음이 많아 사람을 만나면 귀로 날아서 도망친다.

'판대'(Pandae)라는 또 다른 큰 귀 종족은 귀가 팔꿈치까지밖에 안 온다. 반면 이들에게는 8개의 손가락과 발가락이 있으며 아래턱에 예쁜 이빨이 자라 있다. 이 종족은 인도 산골짜기의 갈대숲에 거주하는데 대략 3만 명 정도 된다. 대략 200살까지 사는데 태어났을 때는 머리카락과 눈썹이 모두 흰색이다. 남성은 30살이 되면 온몸에 털이 자라면서 검은색으로 변하기 시작하고, 60세가 넘으면 모든 털이 검은색으로 바뀐다. 싸움을 좋아하는 종족으로 궁수와 창기병 5천 명을 조직해 인도 왕국 군인들의 원정길에 참가하기도 했다.

# 054

# 스키아푸스
## Sciopods

이탈리아 화가 조반니 바티스타 데 카발리에리
의 『고대와 현대 세계 각지의 괴물들』(*Monsters from
all parts of the ancient and modern world*)에 나오는 스키아푸
스(1585년)

스키아푸스(Sciopods, 스키아포데스)는 '외발로 그림자를 만드는 자'라는 의미다. 이들은 '모노포드'(Monopods), '모노콜리'(Monocoli)라는 이름으로도 불리는데 '다리가 하나뿐인 사람'을 뜻한다. 그리스 희극작가 아리스토파네스의 작품 『새』(The Birds)에 등장하며, 플리니우스의 『박물지』에도 관련 기록이 남아 있다.

외발 종족에 관한 기록이 처음 등장한 건 그리스 역사학자 크테시아스(Ctesias of Cnidus)의 『인디카』(Indic)에서다. 이 종족은 다리가 하나밖에 없지만 놀랄 만한 점프력과 민첩성을 지니고 있다. 무더운 날에는 땅에 누워 자신의 거대한 발을 몸 위로 들어 올려 그늘을 만든다. 이 때문에 '우산발 종족'이라 불리기도 한다.

당시 유럽인들은 인도나 에티오피아 등을 신비로운 미지의 땅으로 생각했기에 이 지역은 줄곧 외발 종족의 거주지로 거론되었다. 기적을 행하는 자인 티아나의 아폴로니우스도 이 외발 종족이 에티오피아나 인도에 산다고 전했다. 이시도루스(Isidorus Hispalensis)가 편찬한 『어원』(Etymologies)에 따르면 이들은 에티오피아 일대에서 생활하는데, 하나뿐인 다리로 상상할 수 없을 만큼 빠른 속도로 움직인다.

# 055

# 에이멕티래

Amyctyrae

『뉘른베르크 연대기』에 나오는 에이멕티래

에이멕티래(Amyctyrae)는 '코 없는 사람'을 의미한다. 스트라본의 『지리학』(Geographica)을 보면 이들은 날고기를 먹으며 윗입술보다 아랫입술이 엄청나게 크다. 또 다른 기록에 따르면 아랫입술을 끌어 올리면 머리 꼭대기까지 닿아 그늘을 만들 수 있다.

이 전설은 실제로 아프리카에 사는 무르시족에게 그 기원을 찾을 수 있다. 이 종족에게는 큰 입술이 아름다움의 상징이다. 여성들은 아래턱의 이 일부를 제거한 뒤 아랫입술과 이빨 뿌리 사이를 절개해 그곳에 진흙으로 만든 접시를 끼운다. 처음에는 작은 접시로 시작해서 나이가 들수록 접시 크기를 키워 간다. 접시가 크면 클수록 미인으로 여겨지는데 심지어 아랫입술을 잡아당기면 얼굴을 덮을 정도인 여성도 있다. 다만 이는 권력과 부를 가진 자들에게만 허용되는 장식이다. 현재 무르시족은 에티오피아 남부에 주로 거주하며, 이곳은 고대 유럽인의 지리 관념에서 보면 이역의 경계와 일치한다. 하지만 고대 에티오피아를 지리·정치적 관점에서 지금의 에티오피아와 동일하게 볼 수는 없다.

# 056

# 아스토미
Astomi

『뉘른베르크 연대기』에 나오는 아스토미

플리니우스의『박물지』에는 이 아스토미(Astomi) 종족이 인도 동쪽 끝과 갠지스강 발원지 근처에 산다고 적혀 있다. 이들은 태어날 때부터 입이 없으며 거칠고 털이 많은 몸을 가지고 있다. 나뭇잎을 따서 몸을 가린다고 알려졌는데 견직물이나 목화솜을 가리킨다고 보기도 한다. 입이 없다 보니 고기나 술도 먹지 않으며 오로지 코로 음식 냄새를 맡으며 생명을 이어간다. 여행을 갈 때는 냄새를 맡을 각종 식물의 뿌리나 꽃 혹은 사과를 빠뜨리지 않고 챙겨간다. 보통 사람에게는 그다지 위협적이지 않은 냄새에도 이들은 쉽사리 목숨을 잃을 수 있는데, 너무 강하거나 불쾌한 냄새를 맡으면 죽을 수도 있다.

# 도네스트레
Donestre

1120년 출간된 『동양기담』(*The Wonders of the East*)에
나오는 도네스트레

도네스트레(Donestre)는 홍해의 한 섬에 산다고 알려졌는데, 상반신은 예언가의 모습을 하고 있고, 하반신은 인간과 같다. 이들은 인간의 모든 언어를 알고 있다. 그래서 다른 지방 사람을 만나면 자신이 그와 그들의 친척을 안다고 우기면서 익숙한 이름을 대서는 그 사람을 속인다. 그렇게 상대방의 신임을 얻은 후에 그를 사로잡아 먹어치우고는 머리만 남겨놓는다. 그런 뒤 머리를 앞에 두고 앉아서 흐느끼며 애도한다.

'도네스트레'(Donestre)의 의미는 불분명한데 '콰시 디비니'(quasi divini)에서 유래했다고 보며 그들 말로 '신성하다'라는 뜻이다. 상반신이 예언자의 모습을 한 이유에 대해서는 지금도 많은 이가 궁금해한다. 중세기 문서에는 짐승 머리에 눈이 툭 튀어나온 모습으로 묘사되는데 간혹 사자 갈기가 난 인간 모습의 괴물로 그려진다.

# 058

# 아바리몬

Abarimon

울리세 알드로반디의 『괴물의 역사』에 나오는
아바리몬

플리니우스의『박물지』에 기록된 대로는 아바리몬(Abarimon)은 무릎 아래부터 발까지 반대 방향으로 붙어 있는데 그럼에도 매우 빠른 속도로 달린다. 인간형 종족이지만 야생 동물들과 섞여 살며 매우 난폭하여 이들을 잡으려는 시도는 모두 실패로 돌아갔다. 이들은 이마우스 산골짜기에서 생활하는데 이곳 공기는 매우 특수해 오랜 시간 머물며 적응한 다음에는 다른 곳의 공기로 숨을 쉴 수 없다. 이러한 특수한 공기 때문에 이곳의 인간과 동물들은 이 산골짜기를 영원히 벗어날 수 없다. 덕분에 이곳은 외부로부터 철저히 보호받으며 외부인에게 그 위치가 알려지지 않는다.

이마우스산은 지금의 히말라야 산맥을 말한다. 이 전설은 알렉산더 대왕의 동방 원정길에 함께했던 사람이 기록했다고 알려졌다. 그중에서 발이 거꾸로 달렸는데 빠르게 달린다는 내용은 중국 고전에 등장하는 '비비'(狒狒)와 '효양'(梟陽)을 떠올리게 한다. 『이아·석수』(爾雅·釋獸)에는 '비비'에 대해 곽박(郭璞)이 주석을 단 부분이 있다. "그 모습은 사람과 같은데, 얼굴이 길고 입술이 검으며, 몸에는 털이 나 있고, 발꿈치가 반대로 되어 있다." 『산해경·해내남경』(山海經·海內南經)은 이렇게 기록했다. "효양국(梟陽國)은 북구의 서쪽에 있고, 그 생김새는 사람 얼굴이며 입술이 길다. 검은 몸에 털이 있으며, 발꿈치가 반대로 되어 있다." 서양과 중국의 두 전설 속에 나오는 장소는 매우 가까운 곳에 있다. 하나는 히말라야 산맥이고 또 하나는 인도차이나반도 일대다. 이 두 전설은 같은 전설이 다른 모습으로 변형된 것으로 보인다.

# 059

# 피그마이오이

Pygmaioi

그리스 붉은 인물 도기에 그려진 피그마이오이

와 학의 싸움(BC 430-420)

피그마이오이(Pygmaioi)라는 이름은 '팔뚝 길이'라는 뜻의 그리스어에서 유래했으며 이 종족이 키가 작다는 것을 의미한다. 고대 그리스와 로마의 학자들은 피그마이오이를 인도 혹은 에티오피아에 사는 종족으로 보기도 했다. 『박물지』를 보면 피그마이오이는 팔뚝 세 개 길이에도 못 미치는 작은 키에 사계절이 봄처럼 온화한 곳에서 산다. 북쪽으로 길게 이어진 산봉우리가 한파에서 그들을 보호한다. 호메로스의 기록에 따르면 이들 종족은 학들에 둘러싸여 살아간다. 봄이 되면 부족 전체가 양이나 암염소를 타고 활과 화살을 챙겨 바닷가로 사냥을 떠난다. 이렇게 부족 모두 힘을 합쳐 학의 새끼와 알을 사냥하는데 이렇게 학의 수를 감소시켜야만 위협에서 조금이나마 벗어날 수 있었다. 이러한 여정에는 3개월이라는 긴 시간이 걸린다. 그들은 달걀 껍질과 깃털을 섞어 넣은 진흙으로 집을 짓는데, 아리스토텔레스는 그들이 산속 동굴에 산다고 했다.

　호메로스의 서사시 『일리아스』에는 피그마이오이가 곡식을 지키려고 학과 싸움을 벌이는 장면이 나온다. 그 전쟁의 기원에 대해서는 이런 이야기가 전해진다. 피그마이오이의 여왕 게라나는 미모를 뽐내다가 그만 헤라 여신의 노여움을 산다. 헤라는 오만한 게라나를 벌주기 위해 학으로 만들어버린다. 또 다른 전설에 따르면 헤라클레스는 피그마이오이를 만난 적이 있는데, 헤라클레스가 깊이 잠든 틈을 타서 그들은 줄로 꽁꽁 묶어버린다. 그런데 허무하게도 헤라클레스가 몸을 일으키자마자 옭아맨 줄이 순식간에 끊어진다.

중세에 이르러 사람들은 피그마이오이에 대한 상상력을 한껏 발휘하기 시작했다. 『맨더빌 여행기』를 보면 피그마이오이는 왜소한 체구에 키가 팔뚝 세 개 길이밖에 안 되지만 공정하고 온화한 성품을 지니고 있다. 수명은 고작 6, 7년 정도이며 태어나서 반년이 지나면 결혼해서 아이를 낳을 수 있다. 8세가 넘으면 그 뒤로 늙어 죽을 때까지 종족의 보살핌을 받는다. 금을 채집하고 제조하며 은제품, 면직물, 견직물 등 수공예품 제조에도 보기 드문 뛰어난 실력을 자랑한다. 새들에게서 생활필수품과 음식을 얻다 보니 새들과 자주 싸움을 벌인다.

중국의 많은 고대 서적에서도 피그마이오이에 대한 기록을 확인할 수 있다. 『국어·노어』(國語·魯語)에는 "초요인은 키가 삼 척으로 아주 작다"라고 쓰여 있다. 『사기·대원열전』(史記·大宛列傳) 정의(正义)에는 『괄지지』(括地志)를 인용하며 다음과 같이 설명한다. "소인국이 대진(大秦) 남쪽에 있는데 사람은 겨우 삼 척이며, 밭 갈고 곡식을 심을 때 학이 먹을까 두려워하니 대진이 지키며 도와주었다. 초요국 사람들은 구멍에 산다."

『신이경·서황경』(神異經·西荒經)에는 이런 구절이 나온다. "서해 밖에 곡국(鵠國)이 있는데 남녀 모두 키가 7촌이고, 사람됨이 자연스럽고 예의가 있으며, 경륜(經綸)을 즐겨하고 절하고 꿇어앉는 것을 좋아하며, 수명은 삼백 세이다. 다닐 때는 날아가는 것 같아서 하루 천리를 가고, 만물이 감히 덤비지 못한다. 오직 바다 고니를 두려워하는데, 만나면 갑자기 삼켜버리기 때문이며, 그들 역시 수명이 삼백 세이다. 이 사람은 고니 뱃속에서도 죽지 않으며, 고니 역시 단번에 천리를 간다."

『태평어람』(太平禦覽)은『박물지』의 문장을 인용하여 다음과 같이 적는다. "제환공이 사냥에서 울고 있는 고니를 한 마리 잡았는데 고니를 죽이자 모이주머니에서 사람이 한 명 나왔다. 키는 3촌 3분이며 희고 맑은 옥색 도포를 걸쳤고 검을 지니고 수레를 가지고 있었는데 꾸짖으면서 눈을 부릅떴다. 이후에 부러진 이를 하나 얻었는데, 둘레가 3척이었다. 여러 신하에게 '천하에 이렇게 작은 애도 있는가?' 하고 물으니 진장이 대답했다. '옛날 진호충(秦胡充)이 단번에 바다를 건너 제나라와 노나라와 싸움을 벌이다가 이가 부러져 상했습니다. 옛날 이자오(李子敖)가 울고 있는 고니의 모이주머니 속에서 노닐었는데 키가 3촌 3분이었습니다.'"

피그마이오이와 학과의 싸움은 서양에서 기원하여 동양으로 전해졌다. 그 과정에서 이야기 속 난쟁이라는 요소는 점점 주목받은 반면 학의 존재는 희미해져 갔고 난쟁이는 괴물로 바뀌었다.『요재지이·이중인』(聊齋志異·耳中人)를 보면 난쟁이 키가 3촌 정도며 생김새가 흉측하고 두억시니(모질고 사악한 귀신 중 하나―옮긴이)처럼 생겼다고 나와 있다.

# 060

# 아리마스포이

Arimaspoi

고대 그리스 도기에 등장한
아리마스포이와 그리핀의 대결(BC 340-310)

헤로도토스의 『역사』에 따르면 프로콘네소스 섬의 아리스테아스는 〈아리마스페아〉(Arimaspea)라는 서사시를 남겼다. 처음에 아리스테아스는 히페르보레오이(Hyperboreoi, 그리스 신화에서 델포이의 아폴론 숭배 및 델로스의 아르테미스 숭배와 밀접한 관계가 있었던 신화적 민족―옮긴이)를 찾아 세상을 떠돌아다녔다. 그러다가 아주 멀리 떨어진 몹시 추운 산에 도착하는데 앞으로 산들이 겹겹이 가로막고 있어 도저히 넘어갈 수 없었다. 어쩔 수 없이 그리스로 돌아간 그는 서사시 〈아리마스페아〉를 저술했다. 이 서사시는 오래전에 소실되었지만 헤로도토스의 『역사』에서 대략적인 내용을 확인할 수 있다.

헤로도토스는 아리스테아스의 업적을 기술하면서 아리마스포이(Arimaspoi)에 관해서도 언급했다. 어느 날 아리스테아스는 이세도네스가 사는 곳에 도달한다. 그는 거기서 더 나아가면 아리마스포이의 거주지가 나오고, 그 뒤로는 황금을 지키는 그리핀이 서식하는 곳이 있으며, 또 그 뒤로는 히페르보레오이의 거주지로 그들의 영토가 해안가까지 이어져 있음을 알고 있었다. 히페르보레오이를 제외하고 다른 부족은 자주 전쟁을 벌였는데 아리마스포이가 이세도네스를 영토에서 쫓아내고, 이세도네스는 스키타이족을 몰아냈다.

과거 헤로도토스는 흑해 연안의 그리스 식민지로 와서 그 지역에 사는 스키타이족과 직접 교류하면서 아리스테아스의 여정을 검증한 바 있다. 그는 자신이 스키타이족에게서 아리마스포이에 관한 정보를 직접 확인했다고 주장했다. '아리마스포이'라는 이름은 스키타이족 언어에서 유래했으며 그중 '아리마'(arima)는 '혼자'

또는 '하나'를 의미하고, '스포'(spou)는 '눈'을 가리킨다. 또한, 그는 유럽의 북쪽 지방에 황금이 가장 많다고 말했다. 이 황금이 어떻게 생산되는지는 확실치 않지만, 아리마스포이가 그리핀이 사는 곳에서 훔쳐온다는 이야기를 전해 들었으며 그곳은 세상 가장자리로 온 세상을 둘러싸고 있다고 했다. 그렇다 보니 이곳의 황금은 가장 희귀한 보물로 여겨진다.

플리니우스의 『박물지』에 따르면 흑해에서 시작해 유럽 해안을 쭉 따라가다 보면 타나이스 강(Tanais River, 지금의 돈 강[Don River])에 도달하고.마이오타이 부족 거주지에 이르는데 이들을 지나치면 아리마스포이가 사는 지역이 나온다. 여기서 좀 더 나아가면 리파에우스 산맥(Riphean Mountains)에 도착하는데 이곳과 피토로포루스 지역에는 일 년 내내 거위 털 같은 함박눈이 끊이지 않고 펑펑 쏟아진다. 다시 북풍의 신이 사는 곳을 넘어가면 히페르보레오이의 거주지에 도달하는데, 그들은 이곳에서 행복하게 살아간다.

또한 플리니우스는 스키타이의 북쪽 지역에 한 부족이 사는데 북풍의 발원지에서 멀지 않은 곳에서 생활하며 그 근처에는 대지의 빗장이라 불리는 동굴이 하나 있다고 했다. 아리마스포이라고 부르는 이 부족은 이마 중간에 눈이 한 개 달려 있다. 오랜 세월 이들과 그리핀 간에는 싸움이 끊이질 않았는데, 그리핀이 금광에서 황금을 캐내와 안팎으로 지키고 있으면 탐욕스러운 아리마스포이가 그 황금을 빼앗으려 하기 때문이다.

아리마스포이라는 말은 호메로스의 서사시와 헤시오도스의 『신통기』에 나오는 '아리스모이'(Arimoi)와 관련 있다. 호메로스의 서사시에서 제우스가 티폰과 싸워 승리를 거두었을 때 티폰이 쓰러진 곳이 바로 '아리스모이'였다. 또한, 헤시오도스의 『신통기』를 보면 에키드나가 불멸의 신들과 멀리 떨어져 평범한 인간들과 함께 '아리스모이'라는 깊은 동굴에 산다고 나와 있다.

아리마스포이 전설은 그리스에서 상당히 유행했는데 일상적으로 사용하던 많은 도기에서 그 모습을 확인할 수 있다. 아리마스포이는 화려하게 차려입은 아시아인으로 표현되는 경우가 많으며 숙적 그리핀과 함께 등장한다.

현대 학자들은 여러 방면으로 아리마스포이의 실체를 증명해내려 했다. 헤로도토스가 '아리스마스포이'(Arimaspoi)라는 글자를 잘못 이해했다는 주장도 제기되었다. 사실 '아리스마스포이'는 '좋아하다'는 뜻의 '아리아마'(Ariama)와 '말'이라는 뜻의 '아스파'(Aspa)가 합쳐진 합성어로 '말을 좋아하는 자'를 의미하며, 기마술에 뛰어난 초원민족을 가리킨다는 것이다. 또 다른 견해로는 '아리마'(arima)가 '고독하다'를, '스포'(spou)가 '망보다'를 뜻하므로 '아리마스포이'는 '고독한 파수꾼'이며, 중앙아시아의 유목민족이 만든 석인상을 가리킨다고 보았다.

# 061

# 키노케팔로스

Cynocephali

울리세 알드로반디의 『괴물의 역사』에 나오는
키노케팔로스

키노케팔로스(Cynocephali)는 그리스어 '키노켑파로이'(kynokephaloi)에서 유래한 라틴어로 '키노'(kyno)는 '개'를, '케파로이'(kephaloi)는 '머리'를 의미한다. 기원전 4세기 그리스 역사학자 크테시아스는 자신의 저작 『인디카』에 그들의 존재를 기록했다. 고대 그리스 역사가이자 외교관 메가스테네스 역시 『인도지』(Indica)에서 그들을 언급했다. 전해지는 바로는 키노케팔로스는 인도 산속에 사는데 짖는 소리로 서로 소통하며 사냥해서 살아가고, 사냥한 짐승의 털가죽을 몸에 걸치고 다닌다. 반면 헤로도토스는 이들이 리비아 동쪽 지역에 산다고 기록했다.

그리스 정교회에서 성 크리스토퍼는 개의 머리를 한 사람으로 형상화된다. '크리스토퍼'는 그리스어로 '그리스도를 짊어진 사람'이라는 뜻인데, 그의 업적은 그리스 정교회의 성전(聖傳, 기록되지 않은 형태로 교회의 초창기부터 전해 내려오는 가르침과 실천적 관행을 가리키며, 기록된 성서의 말씀과 형식상 구별된다—옮긴이)에 나와 있다.

전해지는 바에 따르면 크리스토퍼는 가나안 사람으로 힘이 장사였는데 충성을 다해 섬길 위대한 주인을 찾아다니고 있었다. 처음에는 한 왕국에 도착해 그 나라 왕을 모셨는데 어느 날 악마의 이름을 들은 왕이 가슴에 십자가를 그리는 장면을 목격하고는 그날로 왕국을 떠나 악마를 찾아가 섬기기 시작한다. 그러다가 악마가 십자가를 두려워하는 모습을 보고는 다시 악마를 버리고 그리스도를 찾아 나섰다. 그 과정에서 우연히 수도사 한 명을 만나 복음을 전해 듣는데, 종교의식에 적응하기가 쉽지 않자 강가에 조그만 오두막을 세워 살면서 강을 건너는 사람을 도와주는 일로 그리스도를 섬기기 시작했다.

그러던 어느 날, 어린아이의 모습으로 변한 그리스도가 그의 앞에 나타난다. 그 아이를 등에 업고 강을 건너는데 아이가 갈수록 무거워졌다. 그 순간 아이는 자신이 그리스도임을 밝히면서 지팡이를 땅에 꽂으면 꽃이 피고 열매가 맺힐 거라는 말을 남긴 채 사라져버렸다. 다음날 그 지팡이는 정말로 꽃을 피우고 열매를 맺었고 결국 크리스토퍼는 사방으로 복음을 전파하러 다니기 시작한다. 그 후로 크리스토퍼는 여행자들의 수호성인이 되었다. 사람들은 그에게 홍수와 전염병, 폭풍우와 같은 자연재해에서 지켜달라고 빌었다.

그리스 정교회에서 그는 개 머리 사람으로 그려지는데 이는 가나안 사람이라는 단어를 착오한 데서 비롯되었다. 라틴어에서 가나안 사람을 뜻하는 '카나네우스'(Cananeus)를 개를 뜻하는 '카니네우스'(canineus)로 잘못 읽은 결과였다. 이로써 그는 가나안 지역에 사는 개 머리 가나안 사람으로 묘사되기 시작한다. 과거 야만인처럼 비참하게 살다가 어린아이의 몸으로 나타난 그리스도를 만나서는 자신의 모든 죄를 뉘우치고 그 상으로 인간의 모습을 얻게 되었다는 것이다. 하지만 이러한 개 머리 인간 형상은 17세기 말 그리스 정교회가 금지한다.

# 유럽의 전설과 괴이한 일

# 062

# 유니콘
Unicorn

네덜란드의 유니콘 태피스트리

(1495-1505년경 작품)

유니콘(Unicorn)은 그 독특한 매력 덕분에 각종 신화와 전설, 박물지를 통해 오랫동안 전해지면서, 고대 그리스부터 현재까지 가장 자주 접하는 상상 속 동물이 되었다. 시대별로 다양한 형태로 그려졌으며 각기 다른 의미로 해석되었다. 처음에는 실존 동물로 여겨지다가 점점 신기한 능력을 지닌 신비한 생물이 되었다.

'유니콘(unicorn)'이라는 명칭은 '유니'(uni)가 '하나'를, '콘'(corn)이 '뿔'을 의미하므로 글자 그대로는 '한 개의 뿔'이라는 뜻이다. 이 단어는 고대 프랑스어 '유니콘'(unicorne)에서 유래했는데, 이 프랑스어 명칭은 라틴어 '유니코누스'(unicornus)에서 유래했고, 이 라틴어 명칭 역시 고대 그리스어 '모노케로스'(monoceros)에서 기원했다. 모노케로스에서 '모노'(mono)는 '하나'를, '케로스'(ceros)는 '뿔'을 의미하며 직역하면 역시 '한 개의 뿔'이 된다.

유니콘에 대한 최초 기록은 고대 그리스 작가 크테시아스의 『인디카』에 나온다. 크테시아스는 이 동물을 인도 야생 당나귀라고 기록했다. 크기는 보통 말만 한데 간혹 말보다 클 때도 있다. 몸은 희고 머리는 짙은 붉은색이며 푸른 눈을 가졌다. 이마에는 밑부분은 희고 중간은 검고 끝은 불타는 붉은색 뿔이 하나 달려 있다. 이 뿔로 만든 잔에 물이나 술 혹은 다른 액체를 부어 마시면 신경 경련과 간질이 치료되고 심지어 중독을 막아주며 해독 작용까지 한다.

크테시아스에 따르면 집에서 기르거나 야생에서 서식하는 홀수발굽동물 중에 복사뼈와 쓸개가 있는 동물은 찾을 수 없지만 오직 인도 야생 당나귀만 둘 다 가지고 있다. 자신이 본 동물의 복사

뼈 중에서 가장 아름다웠으며 그 빛깔과 모양은 소의 복사뼈를 닮았는데 납처럼 묵직하고 진사(cinnabar, 안료용으로도 쓰이는 적색 황화수은—옮긴이)같은 선명한 붉은색이었다. 매우 강인하고 빠르게 움직이는 동물로 처음에는 느리게 출발하지만 점점 빠르게 내달리는데 말이나 그 어떤 동물도 따라잡을 수 없다. 인도 야생 당나귀는 생포하기가 어려운데 새끼일 때는 가능하다. 하지만 새끼가 사람에게 잡히도록 어미가 그냥 두지 않으며 뿔과 이빨, 발굽까지 사용해 반격한다. 사람과 말을 대거 희생하고 창과 화살을 엄청나게 동원하면 이 동물을 죽일 수는 있지만 어른 인도 야생 당나귀를 산채로 잡는 건 불가능하다. 고기는 쓴 맛이 강하며 사람들이 이 동물을 사냥하는 주요 목적은 뿔과 복사뼈를 얻기 위해서다.

고대 로마의 저술가 클라우디우스 아에리아누스는 저서 『동물의 본성에 관하여』(On the Nature of Animals)에서 이 동물을 언급한다. 크테시아스의 묘사와 크게 다르지 않은데 역시나 당나귀라고 부르면서 인도의 가장 황량한 초원에 주로 서식한다고 기록했다. 단, 뿔의 효능에 관해서는 다소 과장되게 설명하는데, 이 뿔은 못 고치는 병이 없으며 신경 경련과 간질을 낫게 한다. 또한, 해독 작용 외에도 이전에 먹었던 치명적인 물질까지 전부 토하게 해 건강을 되찾게 한다.

이 같은 전설은 필로스트라토스에 이르러 한층 더 신비로운 색채가 더해진다. 인도인들은 이 동물의 뼈로 잔을 만드는데, 이 잔에 술을 담아 마시면 하루 동안은 병에 걸리지 않고 다치지도 않으며 중독되지도 않고 심지어 불길 속을 통과해도 전혀 해를 입지 않는다는 것이다.

플리니우스의 『박물지』에 따르면 이 동물은 사슴 머리에 코끼리 다리와 멧돼지 꼬리를 가지고 있다. 그 외에 몸통은 말과 유사하며 이마에는 90센티미터 정도의 길고 검은 뿔이 돋아 있고, 깊고 낮은 울음소리를 낸다.

중세기에 이르러 유니콘은 뿔이 하나 달린 말이나 염소로 형상화되었다. 이 동물은 온통 새하얀 색에 극도로 난폭하지만 유일하게 처녀 앞에서는 온순해진다. 그렇다 보니 유니콘을 사로잡으려고 처녀를 미끼로 자주 사용했다고 전해진다. 유니콘이 처녀의 무릎이나 가슴에 머리를 내려놓기를 기다렸다가, 모든 독을 해독하고 간질을 치료한다는 뿔을 처녀가 베어버리면 기다리던 사냥꾼들이 나타나 유니콘을 사로잡거나 죽인다. 이 같은 전설은 중세기 예술 작품의 독특한 주제로 자리 잡았고 '유니콘 사냥'이라는 이름으로 불린다.

기독교에서는 유니콘이 예수 그리스도를 상징하는 것으로 해석했다. 그 결과 '유니콘 사냥'이라는 주제가 성수태 고지(성모 마리아에게 예수 잉태를 알린 일)와 합쳐지면서 '유니콘의 신비로운 사냥'이라는 주제가 탄생했다. 여기서 처녀는 성모 마리아를 의미하며 천사 가브리엘이 호각을 불자 정의(Iustitia), 자비(Misericordia), 평화(Pax), 진실(Veritas)을 암시하는 네 마리 사냥개가 유니콘을 쫓아간다. 유니콘은 성모 마리아의 품 안으로 숨는데 그의 뿔은 성모 마리아의 순결을 가리킨다.

15세기에 이르러 유니콘은 문장(紋章)의 도안으로 활발하게 사용되었다. 일반적으로 이마에 가느다란 나선형 뿔이 돋아 있고 사자의 꼬리에 염소의 수염과 발굽을 가진 말로 표현된다. 이는 고대 그리스에서 기원한 전설 속 모습과는 조금 차이가 있는데, 전설 속 유니콘은 홀수발굽동물인데 반해 문장에서의 염소 발굽은 짝수발굽동물의 것으로 그려져 있다. 그중 스코틀랜드 왕실의 유니콘 문장이 가장 유명하다. 싸우다 죽더라도 절대 잡히지 않는 유니콘의 고고함이 잉글랜드 왕실에 대항하던 시기 스코틀랜드 왕실의 마음 상태와 정확히 들어맞았기 때문이다. 간혹 유니콘 목에 쇠사슬이 매어져 있는 문장도 보이는데 길들었거나 훈련받았음을 함축적으로 표현한다. 어떤 문장에서는 쇠사슬이 끊어져 있는데 이는 이미 속박에서 벗어났음을 의미한다.

당시 유니콘에 관한 전설이 크게 유행하면서 덩달아 유니콘의 위조품 제작도 성행했다. 염소 뿔이나 상아, 바다코끼리 이빨 외에 일각고래를 이용한 위조품이 많이 등장했다. 중세기에는 일각고래의 밖으로 뻗은 이빨을 유니콘의 뿔로 오해하는 경우가 많다 보니 바이킹은 이들을 포획해 엄청나게 비싼 값에 팔아치웠다. 이빨 하나가 무려 이빨 무게의 몇 배에 달하는 황금과 거래되었다. 엘리자베스 1세의 '유니콘 뿔'이 바로 일각고래 이빨이었다. 일각고래 이빨은 길쭉하고 나선형으로 생겨서 유니콘 뿔을 상상하는 데 어느 정도 영향을 끼친 것으로 보인다.

유니콘의 실제 모델에 대해 사람들은 다양하게 추측했다. 영양이나 사슴이라고도 하고 코뿔소라고 하는 이들도 있었다. 많은 동물 중에 박물지의 기록에 가장 근접한 동물은 바로 코뿔소다. 고대 로마의 저술가 클라우디우스 아에리아누스는 유니콘을 모노케로스 또는 '카르타조노스'(cartazonos)라고 불렀는데, 카르타조노스는 아랍어 '카르카단'(karkadann)과 비슷한 단어로 '코뿔소'를 의미한다.

# 063

# 와이번
Wyvern

알드로반디의 『괴물의 역사』에 나오는 와이번

와이번(Wyvern)은 유럽 전설에 등장하는 생물로, 문장(紋章)이나 축제의 괴물 분장, 가게 간판 등에도 자주 출현한다. 유럽 민간에서 오래전부터 전해져 내려오는 괴물 중 하나다. 보통 용의 머리와 두 쌍의 날개, 두 개의 다리, 도마뱀 같은 파충류의 몸통을 하고 있으며 꼬리 끝이 마름모 형태를 띤다. 더 자주 보이는 모습은 꼬리 끝 부분이 작살처럼 뾰족한 화살 모양이다. 바다에 산다는 상상 속 괴물 와이번은 꼬리 끝쪽에 지느러미가 달려 있다.

와이번은 '날개 달린 두 발 용'을 가리키며 영국에서 시작했다. 영문명 'Wyvern'은 고대 영어 '와이버'(wyver)에서 유래했고, 이 와이버는 고대 프랑스어 'wivre'에서 기원했으며, 이는 다시 '독사'를 뜻하는 라틴어 '비페르'(viper)로 거슬러 올라간다. 'viper'는 중세기 동물우화집에서 두 개의 다리와 두 개의 날개를 가진 모습으로 형상화되는데, 와이번은 이러한 형태를 그대로 계승했다. 영국에서는 날개 달린 두 발 용과 네 발 용을 확실히 구분했지만, 영국을 제외한 유럽에서는 오래전부터 용과 뱀을 구분하지 않다 보니 유럽의 다른 지역에서 이런 생물은 모두 용이라 불렸다.

와이번은 유럽의 문장이나 표지에 자주 등장하는데 약제사들은 와이번이 질병을 상징하며 의학의 수호신인 아폴론에게 제압당했다고 생각했다. 이는 아폴론이 델파이의 괴물 용 피톤(Python)을 물리쳤다는 신화의 영향을 받은 것이다. 과거 잉글랜드를 통일했던 웨식스 왕국은 와이번을 깃발 휘장으로 사용했다.

# 두 꼬리 인어
Twin–tailed Mermaid

로마의 콜론나 가문의 의뢰로 제작된
두 꼬리 인어 동상(1571–1590년경 작품)

현재 가장 흔히 보이는 두 꼬리 인어 이미지는 스타벅스 로고에서 찾을 수 있다. 두 꼬리 인어 형상은 이미 7세기경에 출현했다. 이탈리아 페사로에 있는 대성당의 모자이크 바닥에서 두 꼬리 인어 형상이 발견된 것이다. 이 성당의 모자이크 바닥은 7세기 비잔틴제국 시대에 설치된 것으로 그로부터 500년 후 오트란토 대성당의 모자이크 장식에서도 그 모습이 등장한다. 당시 오트란토는 교역이 활발히 이루어지던 항구도시였기에 대성당의 두 꼬리 인어 형상 역시 많은 이들에게 알려진다. 그 후 이미지는 유럽으로 광범위하게 전파되면서 13세기 이후 중세 동물우화의 소재 중 하나로 등장한다.

이 형상은 또한 교회의 장식물로 쓰였는데 중세 교회가 규정한 악습을 반대하는 데 이용되었다. 교회는 두 꼬리 인어를 음탕한 욕심의 상징물로 삼아 남녀 모두에게 이를 경계토록 했다. 14세기 프랑스에서는 멜루신(Melusine, 상반신이 미녀, 하반신이 뱀으로 등에 날개가 있는 요괴―옮긴이) 전설이 유행하기 시작했는데 멜루신 이미지는 두 꼬리 인어와 깊은 연관성이 있다.

스타벅스에서는 16세기 북유럽의 목판화를 기초로 로고를 만들었다고 발표했다. 하지만 이를 뒷받침하는 증거는 확실하지 않다. 15세기부터 16세기에 걸쳐 프랑스와 북유럽 전역에서 멜루신이 크게 인기를 끌었는데 두 꼬리 인어의 모습은 이 멜루신 형상에서 유래했을 가능성이 높다. 두 꼬리 인어는 문장(紋章)으로도 사용되어 절대적인 강인함과 번영을 상징했다.

이후 출판계에서는 머리에 왕관을 쓰고 손으로는 자신의 꼬리

두 개를 쥐고 있는 인어 이미지가 사용되기 시작했다. 이는 지식을 상징적으로 표현한 것으로 두 꼬리 인어와 관련된 연금술 우의화(寓意畫)에서 그 의미를 가져온 걸로 보인다. 인어의 두 꼬리는 이중적 의미를 내포하는데 철인 사이렌으로 불리기도 하고, 어질고 인자함이 가미된 계몽의 상징으로도 사용되었다. 두 꼬리 이미지는 흙 원소와 물 원소의 통일, 신체와 영혼의 통일을 나타내며, 우주의 수은을 상징하고, 만물이 비롯되는 원천이자 만물이 귀속되는 지점인 '세계영혼'(Anima Mundi)을 의미한다. 이는 모든 철인이 갈망하는 바이기도 하다.

인어가 왕관을 쓰고 있는 이유에 대해서는 그리스 로마 신화의 영향을 받았다고 본다. 지중해의 일부 연안 도시에서는 그리스 신화에 나오는 인어이자 바다의 신 트리톤이 도시를 건설했다고 생각한다. 그래서 많은 도시가 인어를 문장으로 사용하고 바다의 신 트리톤이 왕관을 쓰고 있다. 동시에 자신의 선조가 멜루신을 비롯한 인어라고 주장하는 귀족들이 다수 있었으며 멜루신 중에는 왕관을 쓴 형상이 등장하기도 한다.

두 꼬리 인어가 꼬리를 손에 쥔 자세는 유럽 민간 신앙에서 비롯되었으며 풍요를 기원하는 지모신(地母神)과 관련된 것으로도 본다. 꼬리가 두 갈래로 나뉜 모습은 여성의 신체 기관을 강조하는 자세로 생명력과 생식력 등 자연의 힘을 의미한다.

# 늑대인간
Werewolf

대 루카스 크라나흐가 그린 늑대인간 판화

사실 늑대인간의 특징을 지닌 전설 속 생물은 옛날부터 존재했으며, 다른 문명권에도 비슷한 이야기가 전해져 내려왔다. 하지만 '워울프'(werewolf) 즉 '늑대인간'이라는 명칭과 늑대인간 전설이 정식으로 출현한 것은 15세기 유럽에서였다. 그리고 16-17세기를 거쳐 지금도 널리 유행하고 있다.

늑대인간의 변신에 관해서는 헤로도토스의 『역사』에 관련 기록이 남아 있다. 스키타이 북동쪽에 사는 '네우로이'(Neuri) 부족은 매년 며칠 동안 늑대로 변신하는데 이후 인간 모습으로 되돌아온다고 그는 말한다. 그리스 신화에도 인간이 늑대로 변하는 이야기가 나온다. 고대 그리스 작가 파우사니아스에 따르면 고대 아르카디아의 왕 리카온은 자신의 외손자이자 제우스의 아들인 아르카스를 죽여 그 고기를 제우스에게 바친다. 분노한 제우스는 리카온을 늑대로 만들어버린 뒤 하늘로 올려 이리자리가 되게 한다. 이를 늑대인간 전설의 기원 신화로 보고 그 변신 능력을 '라이칸스로피'(Lycanthropy)라고 부르는데 '리카온'(Lycaon)에서 비롯된 말이다.

이처럼 늑대인간과 관련된 신화와 전설이 존재하긴 했지만 15세기 이전까지 유럽인들은 늑대인간 전설에 그다지 흥미를 보이지 않았다. 게다가 이 시기의 전설은 게르만 원시 종교와 밀접하게 관련되어 있었는데, 인간이 늑대 가죽을 뒤집어쓰면 초인적인 능력을 얻는다고 전해졌다. 노르웨이의 왕 해럴드 1세는 '울프헤드나'(Ölfhednar)라는 전사들을 거느리고 있었다. 이들은 광전사(바이킹 중에 곰 가죽을 걸쳐 입고 곰의 기운을 받아 싸우는 바이킹 전사들. 버서커[Berserker]라고도 한다—옮긴이)와 비슷한데 곰 가죽 대신 늑대 가죽을 뒤집어쓴다는 점이 달랐다. 이 전사들은 늑대의 가죽을 걸치면 늑대의 능력을 얻게 되어 전쟁터에서 늑대처럼 잔인하고 포악하게 싸울 수 있다고 믿었다. 이 이야기는 중부 유럽과 서유럽으로 전해져 늑대인간 전설로 자리 잡았다. 이 전설은 슬라브 지역에도 전해졌는데 이런 괴물을 '블코들락'(vlko-dlak, '늑대 가죽'이라는 의미)이라 불렀다. 이후 이 단어는 '시체, 망령을 먹다'를 뜻하는 '부르달라크(vurdalak)로 바뀌었고 이것이 현대 흡혈귀의 시초다. 이로써 지금의 늑대인간 전설과 흡혈귀 전설은 기원적으로 매우 가까움을 알 수 있다.

15세기에 이르러서야 유럽에서 늑대인간 전설이 크게 유행하기 시작했는데 당시 대대적으로 벌어졌던 마녀 사냥이 그 원인이었다. 마녀 사냥 과정에서 늑대인간에 대한 공포가 확산되었고 재판과 사형도 빈번하게 이루어졌다. 특히 16세기 말에서 17세기 초까지 늑대인간이 나타났다는 소문으로 유럽 곳곳이 시끄러웠다. 자신이 늑대인간으로 변신할 수 있다고 주장하는 사람도 생겼고, 늑대인간이 재판받은 각종 기록과 이를 반박하는 의학자들의 연구도 쌓여갔다. 의학자들은 늑대인간이 인간의 환상이나 망상이라고 보았다. 이 같은 늑대인간에 대한 공포는 17세기 중엽에 이르러서야 점차 잦아들기 시작했는데, 예외적으로 게르만 지역에서는 여전히 위세를 떨치면서 18세기까지 이어졌다.

문화권마다 전해지는 내용은 조금씩 차이가 있지만, 늑대인간이 인간과는 구별되는 특징이 있다는 점에서는 일치한다. 늑대인간은 사람의 모습을 하고 있을 때도 미궁(眉弓)이 툭 튀어나와 있으며, 손톱이 구부러져 있고, 귀가 보통 사람보다 아래쪽에 달린데다 걷는 모습 역시 평범한 사람과는 다르다. 또한, 피부를 갈라보면 그 안에 늑대털이 자라 있다. 혀 밑에도 뻣뻣하고 억센 털이 자라 있으며, 무덤을 파헤쳐 신선한 시체를 찾아내 삼킨다. 늑대 모습으로 변하면 일반 늑대와 큰 차이는 없지만 체구가 더 거대하며 꼬리가 없다. 여전히 인간의 눈을 하고 있으며 말소리 또한 인간과 같다. 또는 늑대로 변신했을 때 다리 세 개로만 달리고 나머지 다리 하나는 가로로 펴서 꼬리 역할을 한다는 이야기도 있다.

북유럽 전설에서 늑대인간은 노부인으로 표현되는 경우가 많은데, 손과 발톱에 독이 묻어 있고 눈빛만으로 소나 어린아이를 꼼짝 못하게 만든다. 보름달이 뜨면 늑대인간으로 변한다는 전설은 이탈리아나 프랑스, 독일에서 주로 출현했다. 그리스 전설에 따르면 늑대인간이 죽은 뒤 시체를 없애버리지 않으면 늑대로 다시 태어나 전쟁터 주변을 맴돌며 죽은 병사의 피를 빨아먹는다. 이와 달리 프랑스, 독일, 폴란드 등에서는 죄인이 죽으면 피를 빠는 늑대로 변한다고 믿었다. 이런 상황을 만들지 않으려고 목사는 삽으로 죄인 시체의 목을 잘라 악귀를 쫓아내고 그 목은 개울에 던져버렸다. 또한, 헝가리에서는 어렸을 때 부모의 학대를 받거나 저주에 걸리면 늑대로 변한다는 전설이 있다.

당시 유럽인들은 늑대인간도 치료를 받으면 평범한 인간으로 돌아갈 수 있다고 믿었다. 못을 손바닥 중앙에 박아 넣거나, 칼로 그의 이마나 머리 정수리를 내리치면 되는데 모두 매우 위험한 방법이었다. 좀 더 안전한 방법으로는 그의 세례명을 세 번 반복해서 부르거나 한바탕 호되게 꾸짖는 것이었다.

현대 학자들은 의학적 관점에서 늑대인간 현상을 해석하고자 했는데, 먼저 포르피린증(피부가 빛에 민감해지고 정신질환을 일으키는 혈액병—옮긴이)에 걸린 환자일 거라는 설이 등장했다. 하지만 포르피린증 환자는 늑대의 특징을 보이지는 않기에 다모증(多毛症)에 걸린 사람일 거라는 추측이 이어졌다. 그러나 다모증 역시 매우 희귀한 병으로 역사상 대규모로 출현했다는 늑대인간 기록과는 맞지 않는다. 또한 늑대인간이 광견병에서 유래했으리라는 주장이 등장했는데 늑대나 늑대인간에게 물리면 늑대인간으로 변한다는 것이다. 하지만 이 전설은 탄생 시기가 비교적 늦다 보니 초기 늑대인간 전설에는 들어가 있지 않다.

18세기 이후 늑대인간은 각종 소설에 등장하면서 누구나 아는 유명한 괴물이 되었고 그 추세는 지금도 이어져 오고 있다.

# 066

# 숲의 악마

Forstteufels

콘라트 게스너의 『동·물지』(*Historiae animalium*)에 나
오는 숲의 악마

1513년 잘츠부르크 북쪽의 하운스베르크 숲에서 한 야만인이 발견되었다. 딱따구리의 뒷다리에, 앞다리는 개의 다리 같았다. 머리에는 꼿꼿하게 선 닭의 볏과 염소 뿔이 솟아 있고, 목과 턱에는 사자 갈기 같은 털이 빽빽했으며, 팔다리로 땅을 딛고 엎드려 있었다. 1560년대 콘라트 게스너는 다섯 권의 『동물지』를 편찬하면서 숲의 악마도 여기에 포함했다.

  같은 시대 피에르 보에스튀오는 자신의 저작 『불가사의한 역사』(*Histoires prodigieuses*)에서 이 괴물에 대해 언급했다. 콘라트 게스너와 비슷한 삽화를 사용하면서 가장 전형적인 '숲의 악마'(Forstteufels) 형상을 만들어냈다. 잘츠부르크의 헬브룬 궁전에도 그의 조형물이 있는데 『동물지』에 나오는 모습과는 좀 다르며 전체적으로 훨씬 더 우람한 편이다. 현대에는 숲의 악마를 늑대인간과 연관 지어, 초기 늑대인간 전설에 대한 기록으로 보기도 한다.

# 067

# 우드워즈

Woodwose

15-16세기 독일 카니발 퍼레이드에서 우드워즈
분장을 한 모습을 그린 기록

우드워즈(Woodwose, Wild man)라는 유럽의 야만인은『가웨인 경과 녹기사』(Sir Gawain and the Green Knight) 같은 중세기 문학작품이나 예술작품에 자주 등장한다. 마구 헝클어진 머리에 손에는 나무 몽둥이를 들고 허리에는 나뭇잎을 빙 두르고 있다. 혹은 벌거벗은 몸에 온통 털이 나 있는 모습도 있다. 이런 형상은 당시 유럽이 중동의 영향을 받았기 때문이라고 보는 견해도 있는데 엔키(Enki) 역시 이 야만인과 비슷한 모습이다. 다니엘서의 네부카드네자르왕 역시 정신이 나간 후 황야에서 야수처럼 행동하는데 이 또한 중세기 유럽에서 유행하던 야만인의 모습이다.

이와 동시에 중세기 야만인에 관한 전설과 그 형상은 그리스와 로마에도 뿌리를 두고 있는데 사티로스(→32번 참조)와 파우누스, 실바누스에까지 모두 녹아 있다. 예컨대 스위스 그라우뷘덴의 한 농부가 야만인을 술에 취하게 한 뒤 줄로 꽁꽁 묶어 놓고 지혜의 비밀을 알려주면 풀어주겠다고 했다는 이야기도 전해진다. 비슷한 내용의 이야기가 크세노폰과 오비디우스의 작품에도 등장한다. 이외에도 야만인에 대한 유럽인의 상상력은『박물지』와『여행기』에 잘 표현되어 있다. 다만 이 저작들에서는 야만인이 인도나 리비아, 에티오피아, 스키타이 같은 미개한 지역에 산다고 나와 있다.

중세 말기와 르네상스 시기 독일에서는 광석의 채굴을 상징하는 표지로 야만인을 사용했다. 전해지는 바로는 한 광부가 독일 하르츠 산에서 광맥을 찾다가 한 쌍의 남녀 야만인과 마주쳤다는 이야기도 있다.

# 068

# 크람푸스
Krampus

19세기 유럽의 크람푸스 카드

크람푸스(Krampus)는 유럽에서 주로 크리스마스에 등장하는 악마다. 성 니콜라스와 함께 크리스마스 시즌 축제에 자주 모습을 드러낸다. 또는 성 니콜라스의 날 전날 밤에 크람푸스의 밤 행사가 열리기도 한다. 성 니콜라스와 달리 크람푸스와 관련된 전설은 오스트리아와 독일 남동부의 바이에른 주, 크로아티아, 체코, 헝가리, 슬로바키아, 슬로베니아, 남티롤 그리고 이탈리아 북부 일부 지역에서 유행했다. 다만 크람푸스를 흉내 낸 복장과 풍습은 거의 모든 유럽 대륙에 존재한다. 심지어 대항해 시대 아메리카 대륙으로 흘러들어 가 그 지역 풍습과 결합하여 디아블로 같은 광란의 축제가 생기기도 했다.

크람푸스는 알프스 지역에서 유래했으며, 성 니콜라스 전설은 11세기 초에 독일로 전해졌다. 16세기 독일에서는 악마나 동물의 가면을 쓰고 성당 앞에서 소란을 피우는 풍습이 있었다. 이 같은 분장은 본래 이교도에서 기원했는데 기독교의 영향을 받아 악마와 동일시되었다. 17세기에 이르러 사람들은 크람푸스와 성 니콜라스를 연결하기 시작했고 둘은 겨울 축제 의식에 항상 짝을 이루어 함께 출현했다. 이때 크람푸스는 기독교의 악마와 같은 분장을 하고 쇠사슬을 두른 채 방울을 달고 등장한다. 이런 모습은 교회가 악마를 제압했음을 뜻한다. 크람푸스 분장을 한 사람이 쇠사슬에서 벗어나려는 동작을 취하면 방울이 울린다. 크람푸스의 손에는 보통 자작나무 가지가 들려 있는데 고대 바이에른 주 등의 지역에서는 자작나무가 생식과 출산을 상징한다고 보았다. 그들은 자작나무에는 암컷의 성질이 있기 때문에 인간의 아이를 낳거나 자작

나무 구멍에서 아이를 발견할 수 있다고 믿었다. 크람푸스는 손에 자작나무 가지를 들고 있다가 어린아이들을 때리기도 하는데 이는 과거 기독교의 종교의식에서 유래한 행동이다. 간혹 나뭇가지 대신 회초리를 사용하기도 한다.

이 외에 크람푸스는 손에 바구니를 들고 어깨에는 자루를 짊어진 채 등장하기도 한다. 착한 아이에게는 바구니 안에 들어 있는 선물을 꺼내 주지만 나쁜 아이는 자루에 집어넣어 숨 막혀 죽게 만들거나 지옥으로 보내버린다. 그리고 성 니콜라스가 착한 아이에게 선물을 건네주면, 크람푸스는 나쁜 아이에게 석탄을 주거나 회초리를 휘둘러 벌을 준다고도 알려졌다.

크람푸스와 관련된 의식은 20세기 초 정부가 금지했다가 20세기 말에 다시 유행하기 시작했다. 현대에 와서는 지역마다 크람푸스와 관련된 다양한 복장이 쏟아지고 독특한 의식이 거행된다. 대부분 양가죽 외투를 걸치고 허리에는 방울을 단 채 목이나 팔다리는 쇠사슬로 묶인 모습이다. 머리에는 양의 뿔이 달려 있으며 무시무시한 가면을 쓰고 등장한다. 또는 기다란 혀를 내밀고 있는 가면도 있다. 이들은 12월 5일 성 니콜라스의 날 전날 밤에 도시 곳곳을 돌아다니며 광란의 행진을 한다.

# 보나콘

Bonnacon

『애버딘 동물우화집』에 나오는 보나콘

보나콘(Bonnacon)은 발칸 반도의 고대 왕국 파에오니아에 살았다는 전설 속 동물이다. 일부 학자는 이들의 원형을 이미 멸종한 유럽 들소에서 찾기도 한다.

플리니우스의『박물지』에 따르면 보나콘은 말처럼 갈기가 달려 있으며 그 외에는 들소의 몸과 비슷하고, 싸울 때 별로 도움이 안 되는 심하게 휘어진 뿔이 나 있다. 위험이 닥치거나 공격을 당하면 빠른 속도로 달아나면서 항문에서 반경 약 200미터까지 똥을 발사한다. 여기에 닿으면 불에 타는 것 같은 극심한 고통을 느끼며 피부가 녹는다.

12세기『애버딘 동물우화집』(Aberdeen Bestiary)에도 플리니우스의 기록을 언급하는데, 다른 점이 있다면 보나콘의 서식지가 발칸반도에서 아시아로 바뀌었으며, 황소 머리에 덩치도 황소와 비슷한데 말의 목을 가지고 있다고 되어 있다. 뿔 모양은 훨씬 더 복잡한데 자기 몸에 닿을 정도로 심하게 구부러져 있어서 포식자를 위협하는 데 아무 도움이 되지 않는다.

보나콘을 위험에서 지켜주는 건 다름 아닌 그의 창자다. 적의 공격으로부터 달아날 때면 항문에서 축구장 1.7배 넓이(3 에이커) 만큼의 수증기가 분사되는데 그 뜨거운 열기에 닿는 즉시 그 어떤 동물이라도 타버린다. 그렇다 보니 어떤 포식자도 쉽게 보나콘을 공격하지 못한다.

이탈리아 제노바의 제8대 대주교였던 야코부스 데 보라지네는 자신의 저서『황금 전설』(Legenda aurea)에서 성 마르다의 업적을 소개하면서 보나콘에 대해서도 이야기한 바 있다. 그가 말한 바로는 보

나콘의 서식지는 아나톨리아 중앙에 위치한 갈라티아이며, 보나
콘과 레비아탄 사이에서 전설 속의 용 타라스크(Tarasque, →87번 참조)
가 탄생한다.

# 070

# 카르카단

Karkadann

1280년 알 카즈위니의 저작 『창조의 기적』(*The Wonders of the Creation*)에 나오는 카르카단

카르카단(Karkadann)은 다양한 이름으로 불리는데(Karg, Karkadd-an, Kardunn, Karkanda, Karkadān, Karkadan, Kazkazān, Kargadan, Karkand, Karakand), 이 명칭들은 산스크리트어 '카그'(खड्ग)에서 유래했으며 '검'(劍)이나 '코뿔소'를 의미한다.

카르카단은 이슬람권에서 널리 알려진 일각수(一角獸)로 가장 흉악하고 무시무시한 야수이며 거칠고 사납기로 이름난 동물이다. 이 동물은 영역 관념이 투철하여, 고리무늬목비둘기 외에 그 어떤 동물도 자신의 반경 600킬로미터(100파라상. 1파라상은 약 6킬로미터─옮긴이) 내에 들어오지 못하게 했다.

카르카단의 숙적은 코끼리다. 코끼리가 근처에 출몰하면 나무에 뿔을 날카롭게 갈아 그 뿔로 코끼리의 배를 공격해 찔러 죽인다. 하지만 그런 뒤 자기 뿔을 빼지 못하는데, 코끼리 기름이 녹으면서 뿔을 타고 눈으로 흘러들어 실명하고 만다. 아무것도 볼 수 없게 된 카르카단은 어쩔 수 없이 물가에 눕는다. 그러면 거대한 새 로크(Rukh)가 나타나 카르카단과 코끼리 시체를 전부 가지고 둥지로 돌아가 새끼에게 먹인다.

# 071

# 미라지

Mi'raj

1280년 알 카즈위니의 저작 『창조의 기적』에 나
오는 미라지

미라지(Mi'raj)는 중동 전설에 등장하는 긴 뿔 토끼로 'Miraj' 또는 'Mirag'라고 쓰기도 한다. 이 단어는 '계단'이라는 뜻인데 '오르다'로 확대해서 해석되는 사례가 많다. 일부 종교에서는 선지자 마호메트가 천당에 올라가 알라의 가르침을 받는 일화를 묘사하면서 이 단어를 사용하는데 일명 '승천'을 의미한다.

미라지는 산토끼처럼 생겼는데 온통 노란색 털에 이마에는 뿔이 하나 달려 있으며, 모든 야생 동물이 미라지를 피해 다닌다. 알카즈위니의 『창조의 기적』에는 용의 섬(Jazīratal-Tinnīn)에서 알렉산더 대왕(이스칸다르[Iskandar, 아랍식 이름])이 용을 무찌르자 그 섬 주민들이 감사의 표시로 미라지를 잡아 알렉산더에게 바쳤다고 기록되어 있다.

# 072

# 시나드
sinād

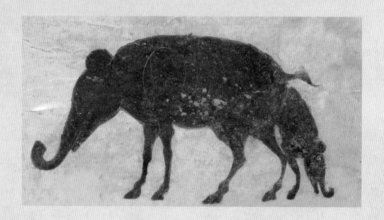

1280년 알 카즈위니의 저작 『창조의 기적』에 나
오는 시나드

알 카즈위니의 『창조의 기적』에는 '시나드'(sinād)라는 동물에 대한 설명이 나온다. 기록에 따르면 이 동물은 인도에 서식하는데 코끼리와 상당히 유사하지만 덩치가 훨씬 작고 이마 혹은 코 위에 뿔이 하나 달려 있다. 혀가 매우 특이한데 그 위에 온통 가시가 돋아 있어서 혀로 핥으면 뼈에서 고기를 발라 먹을 수 있다. 이것은 적과 싸우는 데 매우 유리하게 작용한다. 반면 어미 시나드가 타고난 모성 본능대로 무의식중에 새끼를 혀로 핥아주다가 살아 있는 상태에서 가죽이 벗겨지기도 하는데 그 모습에서 이 동물이 자기 새끼를 통째로 잡아먹는다는 전설이 생겼다. 그렇다 보니 새끼는 자신을 보호하기 위해 충분히 성장할 때까지 엄마의 몸 안에서 지내는데, 그러면서 그 안에서 머리를 내밀어 나뭇잎이나 풀을 먹는다.

『창조의 기적』은 인도로 전해졌는데 중동 판본과 달리 인도 판본에서는 이 동물이 소나 맹수의 모습을 한 동물로 묘사된다. 마르코 폴로의 『동방견문록』에도 비슷한 동물이 출현하며 바스마라는 지역에 서식한다. 바스마는 지금의 인도네시아 수마트라 섬의 북부지역으로 당시 이곳에는 작은 왕국이 존재했다. 이 생물은 유럽에서 상상한 유니콘과는 완전히 다른 형태로 흉측한 외모에 진흙탕에서 산다. 이마에 뿔이 하나 달려 있으며 혀가 가장 위협적인 무기다.

# 073

# 사드하바르

Shādhavār

1280년 알 카즈위니의 저작 『창조의 기적』에 나
오는 사드하바르

사드하바르(Shādhavār)는 '아라스'(āras)로도 불린다. 이 동물에 대해
최초로 기록한 사람은 8세기 아랍 학자 자비르 이븐 하이얀으로
그는 '아라스'(āras)라는 명칭으로 불렀다. 이 학자의 기록에 따르면
고대 그리스 철학자 플라톤이 '아라스'를 붙잡은 뒤, 뿔을 가족 대
대로 고이 간직해 물려준 결과 자신이 살았던 시대까지 전해졌다
고 한다.

아랍의 사학자 알 카즈위니와 알 다미리의 저작에도 이 동물이
나온다. 알 카즈위니는 '사드하바르'라고 했는데, 그의 저작 『창조
의 기적』을 보면 이 동물이 룸(Rûm) 지역에 주로 서식한다고 나와
있다. 룸은 아랍인들이 동로마를 부르던 호칭으로 넓게는 유럽 전
역을 가리킨다. 사드하바르의 생김새는 가젤과 닮았고 머리에 뿔
이 하나 솟아 있다. 그 뿔은 속이 텅 비어 있으며 잔가지가 42개나
나 있어서 악기 같은 기능을 한다. 바람이 불어와 이 뿔이 아름다
운 소리를 내면 수많은 생물이 주변으로 몰려와 음악에 귀를 기울
인다.

반면 이러한 특징이 사드하바르를 죽음으로 몰아넣기도 했다.
사람들은 이 동물을 사로잡아 그 뿔을 왕에게 바치고 그를 위해
음악을 연주하게 했다. 이 뿔은 특정 방향을 향하면 즐거운 음악
소리를 내지만, 또 어떤 방향으로 향하면 구슬픈 소리를 낸다.

알 다미리의 기록에서는 사드하바르 뿔의 잔가지가 무려 72개
로 늘어나는데 '72'라는 숫자가 이슬람교에서는 특별한 의미를 지
닌다. 알 무스타우피의 저작에는 사드하바르와 다른 육식동물이
섞인 생물이 출현하는데 '시라니스'(sīrānis)라는 이름으로 불린다.

생김새는 늑대와 비슷한데 코에 12개의 구멍이 뚫려 있고 그 구멍들로 음악 소리를 내서 먹잇감을 유인한다.

귀스타브 플로베르는 저서 『성 앙투안의 유혹』(*La Tentation de Saint Antoine*)에서 '새드후작'(sadhuzag)이라는 동물을 언급했다. 검은색 수사슴처럼 생긴 이 동물은 황소 머리를 하고 있으며 귀 사이에는 7개의 잔가지가 달린 뿔이 자라 있다. 남풍을 마주하면 뿔은 즐거운 음악 소리를 내서 다른 동물을 끌어들이지만, 북풍을 맞으면 무시무시한 비명을 지른다.

# 074

# 그리핀
Griffin

비잔티움의 시인 마뉴엘 필스의 장편시 〈동물의
특징〉(De animalium proprietate)에 등장하는 그리핀

(1564년판 필사본)

그리핀(Griffin)은 '그리폰'(Griffon 혹은 Gryphon)으로도 불린다. 이 명칭은 '굽었다' 또는 '걸리다'라는 뜻의 그리스어 '그뤼포스'(γρυπός)에서 기원한 것으로 보인다. 그리핀 전설이 탄생한 지역을 고려한다면 전설이 아나톨리아를 거쳐 전해지면서 아나톨리아어에서 차용한 명칭으로 볼 수 있다.

그리핀은 보통 사자와 독수리의 특징을 모두 지닌 모습으로 형상화된다. 플리니우스는 『박물지』에서 이 동물이 무시무시한 굽은 부리를 갖고 있다고 묘사했다. 이시도루스가 편찬한 『어원』은 그리핀이 조류인 동시에 네발짐승이며 사자 몸통에 독수리의 날개와 얼굴을 지녔다고 설명한다. 그리핀의 숙적은 말인데 사람도 자기 시야에 들어오면 닥치는 대로 공격한다. 이렇듯 그리핀과 말은 전설 속에서는 서로 적수이지만 고대 그리스에서는 이 둘의 특징을 동시에 지닌 형상이 출현하기도 했다. 이탈리아의 중세 시인 루도비코 아리오스토는 자신의 서사시 〈성난 오를란도〉(Orlando furioso)에서 이 형상을 '히포그리프'(hippogriff)라고 이름 붙였다. 이후 설명이 더해져 히포그리프는 그리핀과 말 사이에서 태어났으며 그리핀의 머리와 발톱, 날개를 그대로 이어받았다고 전해졌다.

바트솔로뮤 앵글리쿠스는 저서 『사물의 성질에 관하여』(De proprietatibus rerum)에서 이렇게 설명했다. 그리핀은 날 수 있는 네 발 달린 괴물로, 독수리의 머리와 날개를 가졌고 그 외 몸통은 사자의 모습을 하고 있다. 이들은 북쪽 맨 끝에 있는 히페르보레안 산에 서식하며 인간과 말을 공포에 떨게 하는 무서운 존재다. 자기 둥지에 에메랄드를 가져다두어 산속의 모든 해로운 물질의 영향을 차단하고 아무도 둥지에 접근하지 못하게 한다. 성 바르솔로뮤(Saint Bartholomew)는 바트솔로뮤 앵글리쿠스의 설명을 그대로 인용했는데 그리핀은 보석을 수집해 저장해두는 특성이 있다는 점만 추가로 서술했다.

그리핀이 보석을 쌓아놓고 지킨다는 최초의 기록은 헤로도토스의 『역사』에 나온다. 이 책에서는 스키타이의 북쪽 리패아 산맥에 특이한 생김새의 종족이 사는데 이마 중간에 눈이 하나 달려 있다고 적혀 있다. 이들이 그리핀한테서 황금을 훔쳐낼 궁리를 하다 보니 둘 사이에는 싸움이 끊이질 않는다. 그리핀이 황금이나 보물을 좋아한다는 전설은 스키타이족이 평소에 황금으로 그리핀 형상이 들어간 그릇을 제작한 데서 비롯된 것으로 보인다. 이러한 행동을 보고 그리스인이 오해했거나 혹은 스키타이인에 대한 부정적 편견 때문에 일부러 그들을 황금을 훔치는 도둑으로 꾸며냈을 가능성도 있다.

플라비우스 필로스트라투스는 자신의 저서 『티아나의 아폴로니우스의 생애』(The Life of Apollonius of Tyanna)에서 그리핀이 황금을 어떻게 획득하는지 자세히 적어 놓았다. 이 동물은 부리가 매우 단단하고 견고한데 그 부리로 금광을 캘 수 있을 정도다. 인도에 주로 서식하며 용이나 코끼리보다 강하지만 비행 능력에 한계가 있다 보니 오랫동안 날지는 못한다. 발바닥에 붉은색의 얇은 막이 있으며 발을 움직여 궁중으로 날아오르거나 싸울 수 있다.

마르코 폴로의 『동방견문록』에서는 마다가스카르를 소개하는 부분에서 그리핀 이야기가 등장한다. 남쪽의 어느 작은 섬 앞에 이르면 배가 앞으로 나아가질 않는데 해류가 가로막기 때문이며 바로 이곳에서 그리핀이 출몰한다. 그들은 특정 계절에만 모습을 드러내는데 독수리처럼 생겼지만 훨씬 더 거대하다. 날개 길이가 30보, 즉 45.45미터에 이르며, 깃털 하나의 길이가 12보, 즉 18.18미터나 된다. 엄청나게 힘이 세서 발톱으로 코끼리를 낚아채 하늘로 날아올랐다가 땅으로 떨어뜨려 산산조각 내버린다. 섬 주민들은 이 생물을 '로크'(Ruc, 'Rukh' 혹은 'Roc')라고 부르는데, 이는 아랍 전설에 나오는 거대한 새로 사자의 모습을 하고 있지는 않다. 중국에서는 이를 '붕새'(大鵬, 대붕)로 옮겼는데 아마도 그리핀과 아랍의 붕새가 어떤 관련성을 지녔던 것으로 보인다. 전설의 탄생 지역 역시 서로 인접해 있다. 이 둘 외에도 유대교 신화에 나오는 거대한 새 지즈(Ziz), 메소포타미아 신화의 안주(→4번 참조), 그리스 신화의 피닉스, 아시리아 신화의 라마수(→9번 참조), 이란 신화에서 천국의 새로 일컬어지는 호마(Home, Huma) 그리고 인도 신화의 가루다까지 그 기원에서 어느 정도 관련성을 갖고 있다고 볼 수 있다.

　『맨더빌 여행기』에는 그리핀이 사자 8마리, 독수리 100마리를 합쳐놓은 것보다 더 건장하며, 발톱은 소의 뿔을 연상케 할 만큼 크고 길어서 그 나라 사람들이 그것으로 술잔을 만들 정도라고 한다. 스웨덴의 성직자이자 작가인 올라우스 마그누스 역시 그리핀을 언급했다. 이들은 북쪽 끝의 산속에 살면서 말과 인간을 잡아먹는다. 그리핀의 발톱으로는 술을 마시는 뿔잔을 만들 수 있는데 그 길이가 타조 알 정도로 길다. 당시 사람들은 그리핀의 발톱에 병을 치료하는 신비한 효능이 있다고 믿었기에 유럽 궁궐에서 큰 인기를 얻었으나 사실 그것은 영양의 뿔로 제작한 잔이었다. 그리핀의 깃털과 알 또한 신기한 효능을 발휘하는데 깃털은 사람의 시력을 회복시켜준다. 알로는 술잔을 만드는데 사실 이는 그리핀 알이 아니라 타조 알로 만든 가짜였다.

중세시대 전설에 따르면 그리핀은 평생 짝을 한 마리만 가지며, 그 짝이 죽더라고 절대로 다른 짝을 구하지 않고 죽을 때까지 혼자 산다. 이런 습성 때문에 교회에서 재혼을 반대하는 표지로 사용되기도 했다. 또한, 비행 동물과 육지 동물의 특성을 동시에 지니고 있어서 인간인 동시에 신인 예수 그리스도를 상징하기도 했다.

그리핀이 문장(紋章)에 쓰일 때는 사자와 독수리의 특징이 합쳐져 있다는 면에서 패기와 용기의 결합을 의미하고, 강력한 군사력이나 탁월한 지도력을 상징한다. 독수리 머리에 사자 귀가 달렸거나, 깃털이 날카롭게 솟구쳐 있거나 뿔이 달린 모습도 보인다. 앞가슴에는 깃털이 풍성하게 돋아 있으며, 앞발이 독수리 발인 것을 제외하면 모두 사자의 모습을 하고 있다. 날개가 없는 예도 있는데 15세기 이후 이러한 문장 형태를 '알케'(alce), 또는 '키쏭'(keythong)으로 불렀다. 영국의 문장에서는 수컷 그리핀이 날개가 없으며 날카로운 깃털 가시가 몸통 전체를 빼곡히 덮고 있고 머리에는 뿔이 하나 달려 있다. 반면 암컷 그리핀은 날개를 달고 있는 모습으로 더 자주 등장한다.

# 075

# 카토블레파스

Catoblepas

작가 에드워드 톱셀의 1658년 작품 『네발짐승들
과 큰 뱀의 역사』에 나오는 카토블레파스.

카토블레파스(Catoblepas)라는 이름은 '내려다보다'라는 의미의 그리스어 '카타블레포'(καταβλέπω)에서 유래했다. 플리니우스의 『박물지』에 따르면 에티오피아 서쪽 지역에 큰 샘이 하나 있는데 이 샘이 바로 나일강의 발원지며 그 근처에 카토블레파스라는 동물이 살고 있다. 덩치는 크지도 작지도 않으며 행동이 느릿느릿한데다 들기 어려울 정도로 머리가 묵직해서 늘 바닥까지 숙이고 다닌다. 눈빛이 매우 치명적인데 어떤 생물이든 그 눈과 마주치면 그 자리에서 죽는다.

고대 로마 작가 클라우디우스 아에리아누스는 저작 『동물의 본성에 관하여』(De Natura Animalium)에서 카토블레파스에 대해 이야기했다. 덩치가 중간 정도 되는 이 초식동물은 집에서 기르는 황소와 비슷한 크기로 머리에는 갈기가 풍성하게 돋아 있다. 한 쌍의 눈은 가늘고 길며 충혈되어 있고, 눈썹은 제멋대로 자라 있다. 등은 비늘로 덮여 있으며 머리가 무거워 항상 고개를 늘어뜨리고 다닌다.

13세기 영국 프란체스코회의 수도사 바트솔로뮤 앵글리쿠스가 쓴 백과사전식 저작 『사물의 성질에 관하여』에는 다음과 같은 기록이 나온다. "이 생물이 에티오피아의 나일강 발원지에 서식하는 건 맞지만 몸의 형태는 플리니우스가 묘사한 것과는 조금 다르다. 이 생물은 작은 체구에 비교적 큰 머리가 달려 있으며 늘 고개를 아래로 늘어뜨리고 있다. 바실리스크처럼 그와 눈이 마주치면 누구든 그 자리에서 목숨을 잃는다."

여러 기록 중에 카토블레파스에 관한 전설과 형상에 가장 큰 영향을 준 것은 클라우디우스 아에리아누스의 기록이다. 그의 기록에 따르면 카토블레파스는 크기가 보통의 황소와 비슷하다. 그런데 후세에 잘못 전해지면서 카토블레파스는 아예 황소와 비슷한 생물로 바뀌었다. 또한, 등에 비늘이 있다고 한 기록은 후세의 회화 작품에서 비늘이 온몸을 뒤덮고 있는 모습으로 변해 형상화되었다. 심지어 악마의 날개를 단 모습까지 등장했다.

# 076

# 류크로코타
Leucrocotta

류크로코타의 모습. 피에트로 칸디도 데켐브리
오가 1460년 루도비코 3세 곤자가를 위해 그린
필사본에서 가져왔다.

류크로코타(Leucrocotta)는 류크로코타(Leukrokotta), 코로코타(Corocotta). 크로쿠타(Crocuta), 크로쿠타(Krokuta), 키놀리코스(Kynolykos) 등의 다양한 이름으로 불리는데 모두 그의 전설 속 혈통과 관련된 명칭이다. 늑대나 하이에나, 사자 등 동물의 교차 교배로 태어난다고도 알려졌다. 문헌에 따라 개 또는 암사자로 보기도 하는데, 스트라본은 늑대와 개의 교배로 태어난 후손으로 보았다.

『박물지』에서 플리니우스는 류크로코타를 모든 짐승 중 가장 빠르며, 나귀 정도의 몸집에 목, 꼬리, 가슴은 사자를 닮았고, 허리, 뒷다리, 발굽은 사슴의 것을, 그리고 오소리의 머리를 달고 있다고 묘사했다. 중세기 다양한 필사본에서 보이는 가장 눈에 띄는 점은 귀밑까지 찢어진 입인데, 시뻘겋게 쩍 벌어진 입안에는 이빨 대신 턱뼈와 일체가 된 뼈 한 개가 일렬로 들어서 있다. 이외에도 하이에나처럼 인간의 말을 모방하는 능력을 지녔다.

고대 로마의 역사가 디오 카시우스는 이 동물이 로마로 잡혀 왔을 때의 모습을 상세히 서술한다. 당시는 로마 세베루스 왕조의 첫 번째 황제 셉티미우스 세베루스의 집권 시기로, 류크로코타가 처음으로 인도에서 로마로 바쳐졌다. 그 털은 사자와 호랑이를 합친 듯하며 겉모습 또한 이 두 동물의 형상에 개와 여우의 특성까지 더해진 매우 기묘한 모습이었다.

9세기 콘스탄티노폴리스의 세계총대주교 포티우스 역시 이 동물에 관해 기록해놓았다. 에티오피아에 사는 이 동물은 엄청난 힘을 지닌 데다 인간의 목소리를 흉내 낼 수 있다. 이 능력으로 사람을 함정에 빠뜨리는데 한밤 중 여행자의 이름을 불러 그 소리에

속아 다가오는 사람을 잡아먹는다. 사자처럼 용맹하며 말처럼 빠르고 소처럼 강인하다. 그 어떤 금속제 무기로도 그에게 상처를 낼 수 없다.

077

# 수
Su

콘라트 게스너의 『동물지』에 나오는 수

에드워드 톱셀의 저서에는 수(Su)라고 불리는 무서운 동물이 등장한다. 이 동물은 신대륙에 있는 '기간테스'(Gigantes)라는 곳에 서식하는데 이곳에는 '파타고네스'라는 종족이 살고 있다. 이곳은 매우 추운 지역으로 이 동물을 사냥해 그 털가죽을 입어야만 혹독한 추위를 견뎌낼 수 있다. 대부분이 바다에 살기 때문에 현지 주민들은 '수'라는 이름으로 불렸는데 현지어로 '물'이라는 뜻이다. 사냥꾼들이 모피를 빼앗으려고 접근하면 먼저 자신의 새끼를 등에 올리고는 덥수룩한 꼬리로 가려버린다. 이런 상황에서는 어떤 동물이나 사냥꾼도 가까이 갈 수 없다. 극도로 흥분한 상태가 되어 자신에게 다가오는 적은 무엇이든 단번에 죽여 없애기 때문이다.

그런 이유로 이들을 잡으려면 정면에서 공격하기보다는 땅에 구덩이를 파놓고 그 위를 잡풀이나 나뭇가지, 흙으로 얇게 덮어 가려두는 방법이 동원된다. 수가 일단 그 위를 지나가기만 하면 등에 업은 새끼와 함께 순식간에 구덩이 아래로 떨어진다. 녀석들은 매우 잔인하며 길들여지지 않는데다 성질도 거칠고 급하다. 일단 사냥꾼의 함정에서 벗어날 수 없다고 판단되면 인간에게 잡히지 않도록 그 자리에서 자기 새끼들을 전부 물어 죽인다. 그리고 사냥꾼이 다가오면 증오심에 가득 차 끔찍한 괴성을 내지르며 자신을 죽이려는 사람을 뚫어지게 노려본다. 당황하거나 두려워하는 기색은 전혀 보이지 않으며 그렇다고 저항하지도 않는다. 사냥꾼은 그 즉시 표창이나 긴 창으로 죽이고는 털가죽만 벗겨 가고 시체는 그 자리에 그대로 내버려둔다.

# 078

# 흉내 내는 개
Mimick Dogge

콘라트 게스너의 『동물지』에 나오는
흉내 내는 개

‘흉내 내는 개’(Mimick Dogge, Getulian Dogge라고도 한다)는 자신이 본 것은 무엇이든 쉽게 흉내 낼 수 있다. 이 같은 특성이 유인원이나 원숭이를 떠올리게 하다 보니 유인원에게 영감을 얻어 상상해낸 동물이거나 유인원의 영향을 받았다고 보기도 한다. 또는 그 지능이나 성격은 유인원과 비슷하다고 알려졌다. 고슴도치 같은 뾰족한 얼굴은 검은빛을 띠며, 길쭉한 네 다리가 있고, 온몸에는 털이 북슬북슬하며, 짤막한 꼬리가 하나 달려 있다.

# 굴론

Gulon

콘라트 게스너의 『동물지』에 나오는 굴론

굴론(Gulon)은 '굴로'(gulo)라고도 하며 스칸디나비아와 게르만 지역 전설에 등장하는 생물이다. 이 외에도 '빌스러프'(Vilsruff), '제르프'(Jerff), '로소모칼'(Rossomokal)이라는 이름으로도 불린다. 굴론은 '폭식'이라는 의미의 라틴어 '글루티레'(gluttire)가 변형된 단어다. 매우 탐욕스럽고 폭식하는 이 생물의 특성에서 유래되었다.

전해지는 바로는 대형견과 같은 건장한 몸에 귀와 얼굴은 고양이를 닮았고 굉장히 날카로운 발톱을 지니고 있다. 온몸은 긴 갈색 털로 덮여 있으며 꼬리는 여우 꼬리와 비슷하지만 훨씬 짧막하다. 머리 부분에 털이 두텁게 자라 있는데 털모자를 만들 수 있을 정도다.

굴론은 끝을 모르는 탐욕스런 식성으로 유명하다. 동물의 시체를 발견하면 필사적으로 집어 삼키는데 배가 팽팽하게 부풀어 올라 더 이상 먹지 못할 때까지 멈추지 않는다. 그런데도 다 먹지 못하면 가까이 있는 나무 사이에 몸을 끼우고 배를 최대한 쥐어짜 음식을 강제로 소화시켜 대소변으로 배출한다. 그런 뒤 다시 먹이로 돌아가 계속 먹어댄다. 이런 과정을 몇 번 되풀이한 뒤 뼈만 남으면 그때야 다른 먹잇감을 찾아 나선다. 사냥할 때는 나무 위에 숨어 있다가 먹잇감이 지나가는 순간 뛰어내려 기습적으로 공격한다.

이 생물의 고기는 사람이 먹을 게 못되지만 그 털가죽은 매우 진귀하므로 북방 지역 주민들은 털가죽이 타지로 반출되는 걸 꺼릴 정도다. 흰색과 검은색, 짙은 갈색이 뒤섞인 이 생물의 털가죽은 순식간에 열을 내며 보온 효과가 뛰어나 왕과 귀족들의 겨울

필수품으로 자리 잡았다. 단, 모피를 입은 사람은 그 생물처럼 만족을 모르는 끝없는 욕망에 휩싸인다. 굴론의 장(腸)으로는 악기 줄을 만드는데 그 소리가 귀를 찌르는 것 같지만 사람을 기분 좋게 만드는 소리를 낸다. 이 줄을 사용할 경우 더 훌륭한 연주가 가능해진다. 발톱은 나선의 회오리 모양으로 생겼는데 머리 위에 올려두면 어지럼증이나 이명을 치료할 수 있다고 알려졌다. 이 생물의 신선한 피에 뜨거운 물을 섞은 후 벌꿀을 첨가하면 사람을 취하게 할 수 있다. 그 기름은 감염되거나 부패한 상처 치료에 즉각적인 효과를 발휘한다. 또한, 그 이빨을 몸에 지니고 있으면 이성의 관심이 집중된다. 그 사체에서 막 떼어낸 발톱으로는 개나 고양이를 쫓을 수 있다.

사냥꾼들은 여름에 이 생물을 사냥하지 않는데, 겨울에 잡은 것보다 가격이 훨씬 내려가기 때문이다. 이들은 보통 개들보다 훨씬 사나워서 잡을 때 사냥개가 큰 도움이 안 된다. 대신 사냥꾼들은 동물의 주검을 미끼로 놓아두고 이 생물이 한 차례 먹기를 기다렸다가 몸을 나무 사이에 끼우는 순간 활로 쏘아 죽인다. 하지만 이는 모피를 상하게 할 수 있기 때문에 미끼에 함정을 설치해놓고 이 생물을 공중으로 들어 올려 죽이는 방법도 동원되었다.

이 생물의 실제 모델은 '울버린'(Wolverine)으로 알려져 있으며 북극 부근이나 북극과 비슷한 기후를 가진 추운 지역에 주로 서식한다. 엄청난 소화력을 자랑하며 하루에 약 5.8킬로그램의 고기를 먹어치운다. 실제로 자기 배를 쥐어짜기는 하지만 먹고 남은 먹이는 온갖 수단을 동원해 숨겨둔다.

# 080

# 만티코어

Manticore

작가 에드워드 톱셀의 『네발짐승들과 큰 뱀의
역사』에 나오는 만티코어

만티코어(Manticore)는 고대 유럽인들이 동방 세계에 살고 있다고 생각한 상상의 동물 가운데 하나다. 플리니우스의 『박물지』에는 고대 그리스 작가 크테시아스의 말이 인용되어 있는데, 크테시아스는 만티코어를 처음 유럽에 전한 인물이다. 그의 설명에 따르면 만티코어는 인간의 얼굴과 귀를 갖고 있으며, 눈은 회색이고, 입안에는 이빨이 빗처럼 촘촘하게 세 줄로 늘어서 있다. 사자의 몸을 하고 있는데 온통 붉은색이고, 목소리는 판의 피리와 승리의 나팔 소리를 합쳐 놓은 것 같다. 꼬리 끝에는 전갈처럼 적에게 쏠 수 있는 뾰족한 가시가 달려 있다. 사람 고기를 가장 좋아하며 몸놀림이 매우 재빠르다.

프란체스코회 수도사였던 바트솔로뮤 앵글리쿠스는 자신의 저서 『사물의 성질에 관하여』에 만티코어에 대한 이야기를 적어놓았다. 인도에 사는 이상하게 생긴 이 괴물은 곰의 몸과 털가죽에 네 다리는 사자와 비슷한데 인간의 얼굴을 하고 있다. 붉은색 머리에 달린 시뻘건 입속에는 세 줄로 늘어선 뾰족한 이빨이 빼곡히 들어차 있고, 꼬리에는 전갈처럼 공격할 수 있는 가시가 돋아 있다. 목소리는 호각 소리 같은데 듣는 이를 두려움에 떨게 만들며, 세상 모든 야수 중 가장 잔인하고 빠르게 움직이며 사람 고기를 유독 좋아한다.

그리스 시인 필로스트라토스는 아폴로니오스가 만티코어를 묘사한 내용을 전하고 있다. 이 생물은 1.2미터 정도 되는 길이에, 머리는 사람과 유사하고, 몸집은 사자만 한데, 꼬리에 길고 날카로운 가시가 달려 있다. 이 예리한 가시를 화살처럼 발사해서 먹잇감을 사냥한다.

　중세기에 들어 만티코어의 기원에 관한 다양한 설이 등장한다. 인도 호랑이나 비비를 그 원형으로 보기도 하는데, '만티코어'(Manticore)라는 명칭은 '사람을 잡아먹다'라는 의미의 고대 페르시아어 '마르티코라스'(Martikhoras)에서 비롯된 건 분명한 사실이다. 하지만 고대 유럽을 거치며 엄청난 상상력이 더해진 결과, 이런 사실을 증명해내기란 쉽지 않은 일이 되었다.

# 081

# 펠리칸
## Pelican

### Von den Vöglen.

### Von dem Buchstaben P.

### Der Vogel Pellicanus.

16세기 독일 학자 발터 헤르만 리프의 저작에
나오는 펠리칸

플리니우스의 『박물지』에서 펠리칸(Pelican)은 만족을 모르는 동물로 나오는데, 목구멍 안에 두 번째 위가 있어서 그 안에 먹이를 저장해둔다. 이 위가 가득 차면 그때야 그 안에서 먹이를 꺼내 진짜 위로 보낸다.

반면 펠리칸의 식탐에 대해 『애버딘 동물우화집』에서는 완전히 다른 이야기를 전한다. 이 책에 따르면 은거하는 수도사들의 금욕 생활은 바로 펠리칸을 모방한 것이다. 이들은 빵으로 목숨을 이어가지만 일부러 배를 채우려 하지는 않는다. 또한, 먹기 위해 사는 것이 아니라 살기 위해 먹을 뿐이다.

이시도루스가 편찬한 『어원』을 보면 펠리칸의 고향은 이집트이며 서식지는 나일강의 한적한 곳이라고 나와 있다. 이 새는 자기 새끼를 죽이고는 사흘 동안 애도한 뒤 자기 몸을 쪼아 피를 나게 해서는 그 피로 새끼를 다시 살린다.

기욤 르 끌렉의 『동물우화집』에는 펠리칸이 나일강 일대에 서식한다고 기록되어 있다. 일부 문헌에 따르면 펠리칸은 두 종류가 있다. 그중 하나는 강에 살면서 물고기를 잡아먹고, 나머지 하나는 사막에서 생활하면서 곤충이나 기생충을 먹잇감으로 삼는다.

펠리칸의 자기 새끼를 향한 사랑은 어미 양의 새끼 사랑보다 훨씬 지극하다. 새끼가 태어나면 온몸을 바쳐 극진히 새끼를 보살피는데 새끼는 이에 감사할 줄 모르며, 날개가 점점 풍성해지면 부리로 아빠 펠리칸을 공격하기 시작한다. 이 같은 배은망덕한 행동에 화가 난 아빠는 은혜를 모르는 새끼들을 전부 죽이고는 그 곁을 떠난다. 그리고 사흘 뒤 침통하고 안쓰러운 마음에 다시 새끼의 주검 곁으로 돌아와서는 부리로 자신의 몸을 쪼아 피가 흘러나오게 한다. 그리고 이 피로 새끼들을 소생시킨다.

바트솔로뮤 앵글리쿠스의 『사물의 성질에 관하여』에 기록된 바에 따르면 펠리칸은 이집트에 널리 분포하는 조류로 주요 서식지는 나일강 근처 사막이다. 먹이를 먹을 때는 발을 물속에 담그고 있다가 발로 먹이를 잡아서는 입으로 가져가는데 마치 발을 손처럼 사용한다. 이렇게 발을 자유자재로 사용하는 새는 세상에 펠리칸과 앵무새 두 종류밖에 없다.

펠리칸은 자기 새끼를 굉장히 애지중지하는데 이것이 새끼를 버릇없게 만들어 결국 부모 얼굴을 부리로 쪼게 한다. 참다못한 어미 펠리칸은 새끼들을 죽이고, 사흘 되는 날 자기 몸을 쪼아 뜨거운 피를 자식들 주검에 뿌린다. 어미의 피 덕분에 새끼들은 모두 다시 살아난다.

바트솔로뮤는 자크 드 비트리의 『동양의 역사』(Historia Orientalis)를 인용한 바 있다. 뱀은 펠리칸 사냥을 유독 좋아하는데 어미 펠리칸이 먹이를 찾으러 나간 사이 몰래 둥지로 들어가 새끼들을 모조리 죽인다. 둥지로 돌아와 죽은 새끼를 발견한 어미는 사흘 동안 큰 슬픔에 잠긴 후, 자기 가슴을 쪼아 흘러나오는 핏방울을 새끼의 주검에 떨어뜨려서는 죽은 새끼를 모두 살려낸다. 하지만 피를 많이 흘린 탓에 어미는 매우 쇠약해져서 어쩔 수 없이 새끼가 직접 나가 먹이를 구해야 한다. 그중에는 먹이를 가지고 둥지로 돌아와 어미에게 주는 새끼도 있지만 그렇게 하지 않는 새끼도 있다. 어미는 이 모두를 전부 기억해두었다가 체력이 회복되면 자신을 봉양한 새끼만 곁에 두고 나머지는 전부 쫓아버린다.

이처럼 자신의 피로 새끼를 소생시킨다는 전설 때문에 펠리칸은 문장학에서 자기희생과 봉사정신을 상징한다. 기독교에서는 펠리칸을 예수 그리스도에 비유하면서 새끼들의 공격을 받는 것은 예수가 죄인들의 모함을 받은 것과 같으며, 펠리칸이 자기 가슴을 쪼는 행동은 예수가 십자가에 못 박혀 스스로 고난을 받고 피를 흘려 신도들을 구원하는 것과 연관 지어 해석한다.

# 082

# 칼라드리우스

Caladrius

로마 신화에서 칼라드리우스(Caladrius)는 온몸에 검은 부분이 하나도 없이 완전히 새하얀 털로 뒤덮인 새로 나온다('Icterus', 'Dhalion', 'Kaladriy', 'Kalander', 'Grange', 'Haradra'라는 다양한 이름으로 불린다). 문화권마다 이 새를 하얀 앵무새나 딱따구리, 비둘기, 왜가리, 갈매기로 각기 다르게 묘사하고 있으며 물떼새가 그 원형이라는 설도 있다.

칼라드리우스는 인간의 병을 치유하는 불가사의한 능력을 갖춘 새로 알려졌다. 초기에 사람들은 이 새가 황달을 주로 치료한다고 믿었다. 환자의 눈으로부터 자기 몸으로 황달을 빨아들이는데 그 과정에서 스스로도 손상을 입기 때문에 황달 환자를 보면 눈을 감은 채 몸을 돌리고 멀리 가버린다.

3세기에 출간된 『동물의 본성에 관하여』에도 황달을 치료하는 칼라드리우스의 신기한 능력이 언급되어 있다. 인간과 이 새가 서로 응시해야 치유가 일어난다고 나오는데, 병이 새의 몸에 미치는 영향에 관한 말은 없다. 필립 드 타운(Philippe de Thaon)의 『동물우화집』(Bestiary)에는 이 새가 갈매기처럼 생겼으며 온몸이 새하얗다고 기록되어 있다. 성경 신명기에 따르면 이는 매우 진귀한 새로, 먹을 수 없으며, 궁궐에 자주 출현하고, 그 골수를 맹인의 눈에 바르면 바로 눈이 보인다.

12세기 민간 신학자 오툉의 호노리우스(Honorius d'Autun)는 칼라드리우스가 환자의 벌어진 입을 통해 병을 들이마신다고 기록했다. 그런 뒤 하늘로 날아올라 태양 가까이 다가가는데 태양의 뜨거운 열기로 병이 땀을 타고 몸 밖으로 배출된다. 13세기 『로체스터 동물우화집』(The Rochester Bestiary)에는 칼라드리우스가 온몸이 새하얀

백조이며 목이 길고 그 똥으로는 실명한 환자를 치료할 수 있고 궁궐에 자주 모습을 드러낸다고 기술한다. 또한, 병에 걸린 사람이 있으면 칼라드리우스를 통해 생사를 진단할 수 있다. 만일 죽을 운명이면 고개를 돌려 그 사람을 외면한다. 반대로 살 운명이면 환자를 마주 보고 그 병을 전부 가져간 뒤 태양을 향해 날아가서는 태양의 열기로 그 병을 완전히 태워 자신을 치유한다.

반면 기독교에서는 칼라드리우스를 예수 그리스도의 상징물로 여겼다. 이 새의 새하얀 몸은 그리스도의 성결을 나타내고, 환자의 병을 가져가는 능력은 그리스도가 인간의 원죄를 짊어짐으로써 구원을 주는 것과 비슷하다고 본 것이다. 이 새는 회개하지 않는 죄인 앞에서는 고개를 돌려버리는데 이러한 특성은 유대인을 비난하는 데 사용되었다. 유대인은 그리스도를 믿지 않기에 칼라드리우스가 그들의 병을 치유해주지 않으며 이는 그리스도가 그들을 구원하지 않는 이유와 같다는 해석이다.

# 따개비 거위

Barnacle Goose

존 에쉬튼의 저작 『동물학에서의 별난 생물
들』(*Curious creatures in zoology*)에 나오는 따개비 거위
(1890년)

따개비 거위(Barnacle Goose)에 관한 전설은 대략 11세기에 시작해 17세기까지 유행했다. 웨일스 지방의 역사가 기랄두스 캄브렌시스(Giraldus Cambrensis)는 1187년 자신의 저작에서 이 신기한 생물에 대해 설명했다. 이들은 '베르나케'(Bernacæ)라 불리는 조류인데 태어나는 방식이 다른 조류와 달리 매우 특이하다. 생김새는 늪지 거위와 비슷하지만 몸집은 훨씬 작다. 따개비처럼 바다에 떠다니는 나무 조각에 붙어 사는데 대개 삼나무이며, 나무와 바닷물에서 영양분을 섭취해 살아간다. 이후에 차츰 깃털이 자라나면 나무에서 떨어져 나와 해면 위를 떠다니거나 날갯짓을 하며 하늘로 날아오른다.

따개비 거위의 알은 다른 조류처럼 암수 교배로 수정되어 만들어지지 않는다. 그보다는 바다 위를 떠다니는 나무에서 생겨나고 자라나는 것처럼 보이며 기타 조류의 알처럼 부화하지도 않는데 이런 내용은 따개비 거위에 관한 최초 기록이다. 후대에 전해지는 것과는 달리 여기서는 따개비 거위가 생장하는 곳이 해면 위 나무 조각으로 나오며, 후대에는 해안가에 심어진 나무에서 자라는 것으로 많이 묘사되는데 이는 전설 속 '타타르의 식물 양'(→84번 참조)과 비슷하다.

타타르의 식물 양 전설이 따개비 거위 전설에 영향을 준 것은 거의 확실하며 『맨더빌 여행기』에도 이런 변화가 기록되어 있다. 이 책에 따르면 아일랜드 해안가에 특별한 나무가 자라는데 조롱박처럼 생긴 열매가 열린다. 그 열매는 적당한 시기가 되면 물속으로 떨어져 따개비 거위로 자란다. 스웨덴 신학자 마그누스(Olaus

Magnus)는 자신이 제작한 스칸디나비아 세부지도인 『카르타 마리나』에 이 생물을 그려넣었다. 그러면서 이 과일이 물속으로 떨어지면 얼마 지나지 않아 날개가 자라서는 집에서 기르는 거위 떼나 야생 거위 무리 속으로 날아간다고 설명했다.

르네상스 시대 독일의 수학자 뮌스터(Sebastian Münster)에 따르면 이 새는 나무 거위라 불리며 스코틀랜드 북쪽 포모나 섬에 서식한다. 같은 시대 영국의 역사학자였던 윌리엄 캠던은 따개비 거위가 바다를 떠도는 나무 조각이나 해안가 나무에서 자란다는 전설은 사실이 아니라고 반박하면서, 이는 이 새의 둥지와 알을 찾지 못한 사람들이 지어낸 이야기라고 주장했다. 중세기 사람들은 북극에서 영국으로 건너가는 따개비 거위들이 바다 위 나무 조각 위에 모여 있는데 그 모습이 마치 그 나무에서 태어나고 자란 것처럼 보인다는 점에 주목하기도 했다.

# 타타르의 식물 양

Vegetable Lamb of Tartary

14세기 『맨더빌 여행기』에 나오는
타타르의 식물 양

타타르의 식물 양(Vegetable Lamb of Tartary)은 '스키타이의 어린 양' 또는 '보로메츠'(Borometz)로도 불린다. 유럽인들은 '보로메츠'가 타타르어에서 새끼 양을 의미한다고 보았다. 이는 유라시아 대륙의 민간 전설에 뿌리를 둔다.

초기에는 이것을 일종의 과일로 생각하고 그 안에서 양고기가 자라난다고 여겼다. 예컨대 14세기 『맨더빌 여행기』에 따르면 타타르에 조롱박처럼 생긴 신기한 과일이 있었다. 잘 익은 것을 골라 따보면 그 안에 신선한 양 고기가 들어 있다는 것이다. 단, 이 전설에는 이후 널리 유행한 양털에 대한 언급은 없다.

16세기 지기스문트 폰 허버슈타인은 이 생물에 관한 기록을 남겼는데, 그는 합스부르크 왕가의 황제 막시밀리안 1세와 카를 5세의 러시아 주재 대사였다. 그는 다방면에서 자료를 수집했는데 식물 양의 생산지가 카스피해 근처에 있는 우랄과 볼가 강의 사이라고 전했다. 그 씨앗은 과류 작물처럼 생겼으며 70센티미터 정도까지 자란다. 보통은 새끼 양처럼 생겼는데 그렇지 않은 경우도 더러 있다. 피를 흘린다고도 알려져 있지만 안에 들어 있는 것은 진짜 고기가 아니라 사과에 가깝다. 발굽은 보통 양과는 달리 안에 골간(骨幹)이 없으며 털이 자라난 것처럼 보인다. 이는 늑대를 비롯한 많은 동물이 가장 좋아하는 먹이다.

17세기 초 클로드 뒤레는 저서 『식물지』(Histoire Admirable des Plantes)에 이러한 내용을 기록했다. 오래전 『예루살렘 탈무드』(Talmud Yerushalmi)라는 책을 읽었는데, 거기에 모세라는 중국인이 동물과 식물의 특성을 함께 가진 생물이 세상 어딘가에 분명 존재하며 이 생물을 '예두'(Yeduah)라고 부른다는 부분이 있다고 전한다. 이 생물은 다른 식물과 마찬가지로 땅에서 싹이 터서 뿌리줄기가 돋아나며 줄기에서는 새끼 양이 자라난다. 새끼 양은 배꼽이 줄기에 붙어 있고 자기 주변에 있는 모든 식물을 먹어치울 수 있다. 사냥꾼은 일반적인 방법으로는 이 양을 잡을 수 없으며, 활이나 부메랑으로 이 양과 줄기의 연결 부위를 맞춰서 양을 아래로 떨어뜨려야만 한다. 식물 양은 줄기에서 분리되면 땅에 엎드려 있다가 죽고, 사람들은 그 뼈를 가져다 점을 치는 데 사용했다.

과거 문헌에서도 비슷한 자료를 찾을 수 있는데 양이 아닌 사람으로 나와 있으며 13세기 시므온이라는 유대랍비가 기록한 것으로 전해진다. 『예루살렘 탈무드』에 따르면 이는 산에 사는 인간 모습을 한 생물인데 탯줄로 생명을 유지하며 탯줄이 잘리면 그 자리에서 죽는다. 또한, 랍비 시므온은 또 다른 랍비 메이어에게서 들은 바도 전한다. 메이어에 따르면 이 생물은 '제두'(Jeduah)라고 불리며 조롱박과 같은 과류 작물이다. 땅속에서 자라는데 인간과 아주 유사하며 얼굴과 몸통, 팔다리가 있다. 배꼽이 줄기를 통해 뿌리까지 연결된다. 그 활동 범위 안으로는 어떤 생물도 접근할 수 없는데 바로 잡아서 죽이기 때문이다. 이 생물을 없애려면 그 줄기를 끊어버려야 한다.

17세기 초 고대 히브리인 작가 마제 토비아(Maase Tobia)는 대타타르 지역에서 식물 양을 발견한 사람이 있다고 주장했다. 그에 따르면 대타타르 지역 삼부라라(Sambulala)의 아프리카인들은 식물 양 씨앗으로 큰돈을 번다. 이 씨앗은 조롱박 씨앗과 비슷한데 좀 더 작고, 땅에 심어 크게 자라면 새끼 양과 같은 동물이 열린다. 양처럼 발이 네 개에 피부가 부드럽고 연하며 그 털은 옷을 만들기에 좋다. 머리에는 뿔이 없지만 둘둘 감겨 있는 털이 꼭 뿔처럼 보인다. 그 고기는 생선 맛이 나며 피는 꿀처럼 달콤하다. 자기 주변에서 자라는 식물을 뜯어 먹고 사는데 식물들이 시들어버리면 이 양도 따라서 죽는다.

19세기 네덜란드의 중문학 교수 구스타프 슐레겔에 따르면 타타르의 식물 양 전설은 중국에서 기원했을 가능성이 높고 중국 문헌에 나오는 '수양'(水羊)이 그 원형이다. 타타르의 식물 양 전설과 마찬가지로 수양 역시 식물과 동물의 특징을 동시에 지닌다. 페르시아가 원산지이며 식물의 줄기에서 새끼 양이 자란다. 본래 뿔이 없으며 뿔이 있어야 할 자리에는 두 가닥이 동그랗게 말린 흰색 융털이 나 있다. 줄기가 끊어지면 바로 죽는다. 이들을 전문적으로 키우는 사람도 있는데 이 생물이 자라는 지역에 농장을 만든다. 크게 소리치거나 북을 치는 등의 방법으로 수양을 잡아가려는 침입자를 쫓는다. 그 털로는 매우 정교하고 아름다운 옷을 만든다.

19세기 헨리 리(Henry Lee)는 자신의 저작 『타타르의 식물 양』(The Vegetable Lamb of Tartary)에서 이 생물에 관해 당시 유럽에 전해진 바를 상세히 기록해놓았다. 당시 작가들 중에는 타타르의 새끼 양이 식물의 열매이며 과류 작물의 씨앗에서 싹이 터 자란다고 주장하는 이들이 있었다.

반면 어떤 작가들은 식물 양이 살아 있는 동물이고 식물과 분리되면 죽는다고 보았다. 전해지는 바로는 식물 양은 보통 양처럼 피와 살과 뼈를 가지고 있다. 그 뿌리줄기가 양의 '배꼽'인데 이를 통해 땅에서 양분을 흡수하며 이 줄기 덕분에 땅 위에 떠 있을 수 있다. 이 줄기는 이러저리 휠 수도 있어서 양은 자유롭게 주변 식물을 먹는다. 그러나 주위의 풀을 다 먹고 나면 양은 죽는다. 이렇게 죽으면 그 양을 따서 먹을 수 있는데, 그 피는 벌꿀처럼 달콤한 맛이 나고 그 털로는 옷을 만들어 입을 수 있다. 인간을 제외하고 이 양을 먹는 동물은 늑대뿐이다.

사람들은 들은 바를 기록하는 데 그치지 않고 이 전설 속 생물을 연구하기 위해 직접 찾아 나서기 시작했다. 17세기 독일의 식물학자 엥겔베르트 캠퍼(Engelbert Kaempfer)는 대사관 직원들을 따라 페르시아로 건너가서는 식물 양을 찾아다녔다. 현지 주민들과 이야기를 나누는 과정에서 그는 식물 양 이야기가 와전된 것에 가깝다고 확신하게 되었다. 그 지역 사람들은 보다 부드럽고 연한 털을 얻으려고 어미 양의 자궁에서 태아 양을 끄집어내는데, 태아 양의 털이 식물 섬유로 오해받았을 가능성이 높으며, 현지인들의 이러한 관습이 식물 양 전설을 탄생시켰다는 것이다.

18세기 영국의 저명한 의사이자 식물학자 한스 슬론 경(Sir Hans Sloane)은 이 전설 속 생물의 원형을 양치식물에서 찾았다. 현대에는 이 양치식물이 금모구척(Cibotium barometz)이라는 주장도 있는데, 땅 위로 드러난 부분은 황금색 털로 덮여 있으며 비단처럼 광택이 난다. 중국에서는 개의 머리 모양을 하고 있다고 해서 금모구(金毛狗) 혹은 금모구척(金毛狗脊)이라 부른다. 사람들은 그 잎만 따가고 팔다리처럼 보이는 잎자루는 남겨 놓는다. 그러고 나면 금색 털이 난 덩이줄기가 위를 향하면서 몸처럼 보이는데 그 모습이 정말 새끼 양과 비슷하다.

# 085

# 맨드레이크

Mandrake

1390년 판 『건강 백과사전』에 나오는
맨드레이크

서양에서는 맨드레이크(Mandrake, 만드라고라)를 신기한 효능을 지닌 식물의 뿌리로 보았다. 지중해 지역에서 자라는 맨드레이크 속 식물이 그 원형인데 이후 전해지는 과정에서 다양한 지역의 다른 식물이 합쳐지면서 중세기에는 맨드레이크가 모호한 개념이 되었다. 그럼에도 분명한 특징 하나는 뿌리 부분이 사람 모습을 하고 있다는 점이며, 뿌리에 강력한 환각이나 최면 효과가 있다 보니 오래전부터 마술과 결부되어 왔다는 사실이다.

플리니우스에 따르면 맨드레이크는 마치 사람처럼 성별이 있으며, 남성 맨드레이크는 흰색이고 여성 맨드레이크는 검은색이다. 둘 다 잎사귀는 상추 잎보다 폭이 좁은데, 그중에서도 남성 맨드레이크의 잎이 여성보다 더 가늘다. 줄기에는 털이 많이 나 있고 뿌리는 2개 혹은 3개이며 겉으로 보기에는 검은색이지만 속은 흰색이다. 육질이 부드러우며 길이는 한 팔꿈치, 약 45센티미터 정도 된다.

그리스의 약리학자 디오스코리데스는 자신이 쓴 『약물에 대하여』(De materia medica)에서 맨드레이크 뿌리로 최음제를 만들 수 있으며 성별이 있다고 기록했다. 여성 맨드레이크는 검은색이며 '트리다시아스'(thridacias)라고 부르는데 상추 잎보다 더 가늘고 잎이 길다. 강하고 진한 냄새가 나는데 이는 독이 있음을 나타낸다.

열매는 흰색이며 단맛이 나고 배처럼 생겼다. 뿌리는 2-3개로 속은 흰색인데 두꺼운 검은색 표피가 겉을 감싸고 있으며 뿌리 부분에는 줄기가 없다. 남성 맨드레이크는 흰색으로 '노리온'(norion)이라는 이름으로 불린다. 크고 넓은 잎사귀는 사탕무 잎처럼 반들 반들 광택이 난다. 열매 크기는 여성 맨드레이크의 두 배인데 사프란색이고 향기는 달콤하다. 뿌리는 여성 맨드레이크와 비슷하지만 더 크고 창백하다고 할 정도로 하얗다. 사람들은 이 식물의 신선한 뿌리 표피와 열매즙을 짜서 단지에 저장하는데 이렇게 하면 맨드레이크의 약효가 감소된다. 그래서 그 대신 그 표피를 벗겨서 엮은 뒤 저장실에 걸어두는 이들도 있었다. 또는 포도주에 맨드레이크 뿌리를 넣고 오랫동안 끓여 3분의 1로 줄어들면 단지에 저장하기도 했다.

맨드레이크 약제는 주로 불면증을 치료하거나 중상을 입어 마취가 필요한 사람에게 사용되었다. 꿀물에 맨드레이크 약제 20알을 넣어 마시면 가래와 흑담 즙이 배출된다. 맨드레이크 약제 5알을 직접 복용하면 월경이나 낙태가 촉진된다. 그 뿌리와 상아를 함께 넣고 5시간 끓이면 상아가 말랑해지면서 마음대로 모양을 바꿀 수 있다.

중세기에 이르러 맨드레이크 전설은 더욱 기괴하게 변했다. 독일에서는 맨드레이크를 작은 사형수라 불렀다. 중세기 사람들은 교수형 당하는 사형수의 땀과 대소변 또는 정자가 땅에 떨어지면 거기에서 맨드레이크가 자라난다고 생각했기 때문이다. 전설에 따르면 맨드레이크는 밤중에 빛을 내뿜는데 불결한 사람이 다가오면 달아나기 때문에 일단 발견하면 재빨리 철기로 그 주위를 에워싼 후 땅에 꽂아야 한다. 단 절대로 철기가 맨드레이크에 닿아서는 안 된다. 맨드레이크는 땅에서 뽑힐 때 날카로운 비명을 지르는데 그 소리를 들은 생물은 모두 죽는다. 그래서 사람들은 맨드레이크를 채취할 때 개를 사용한다. 먼저 개를 3일간 굶긴 뒤 맨드레이크에 묶어 놓고 사람은 귀마개를 한다. 그리고 개와 멀리 떨어진 곳에 고기나 빵을 놓아두면 굶주린 개가 그쪽으로 달려가면서 맨드레이크가 저절로 뽑힌다. 다만 개는 맨드레이크의 비명에 죽고 만다.

# 086

# 페리덱시온 나무

Peridexion Tree

옥스퍼드 『동물우화집』에 나오는 페리덱시온
나무(1220년경 출간)

페리덱시온 나무(Peridexion Tree)는 인도에 산다는 상록수로 1년 내내 꽃이 피고 열매가 열린다. 그 열매는 달콤하고 향긋해서 비둘기가 가장 좋아하는 먹이다. 비둘기는 이 열매를 먹으려고 아예 나무 위에 둥지를 틀기도 한다. 비둘기를 노리는 용도 덩달아 이 나무를 찾아온다. 그런데 용은 이 나무의 그림자를 무서워해서 그림자가 서쪽으로 드리우면 동쪽으로 가고, 동쪽으로 향하면 서쪽으로 간다. 비둘기는 나무 그림자 안에 머무는 한 안전하지만 일단 그곳을 떠나 그림자의 보호를 벗어나면 용에게 잡아먹힌다.

이 우화는 2세기 그리스어로 편찬된 『피지올로구스』(*Physiologus*)에 최초로 등장했다. 작가 미상인 『피지올로구스』는 동식물의 특징을 상징적으로 해석하여 기독교 신앙의 도덕적 규범을 선전하려는 용도로 제작된 책이다. 이후 출현한 수많은 '동물우화집' 판본의 시작이며, 책 내용을 바탕으로 많은 동물우화집이 쓰였다. 이 책에서 비둘기는 경건한 기독교인에 비유되며, 예수 그리스도는 나무의 오른편, 성령은 나무의 왼편에 비유되고, 용은 악마를 상징한다. 용이 나무 그림자를 무서워하는 이유는 악마가 성자와 성령을 두려워하는 것과 같다. 기독교인이 성자와 성령의 보호 아래 즉, 교회에 머무는 한 악마는 감히 그에게 접근하지 못한다. 하지만 교회의 품을 떠나는 순간 악마는 기독교인을 찾아온다. 12세기 『애버딘 동물우화집』에서 이 우화는 나무가 하나님을, 나무 그림자가 성자를, 과일이 하나님의 지혜 즉 성령을 의미하는 것으로 내용이 바뀌었다.

이 우화가 마태복음 13장 31-32절에 나오는 겨자씨 이야기에서 유래했다고 보기도 한다. "천국은 마치 사람이 자기 밭에 갖다 심은 겨자씨 한 알 같으니 이는 모든 씨보다 작은 것이로되 자란 후에는 풀보다 커서 나무가 되매 공중의 새들이 와서 그 가지에 깃들이느니라"(개역개정판). 마가복음 4장 30-32절에도 비슷한 비유가 나온다. "하나님의 나라를 어떻게 비교하며 또 무슨 비유로 나타낼까 겨자씨 한 알과 같으니 땅에 심길 때에는 땅 위의 모든 씨보다 작은 것이로되 심긴 후에는 자라서 모든 풀보다 커지며 큰 가지를 내나니 공중의 새들이 그 그늘에 깃들일 만큼 되느니라"(개역개정판). 반면 공중의 새를 사탄으로, 나무 그늘을 교회로 풀이하여 교회가 지나치게 커지면 악마가 그 안으로 들어 올 수 있다고 해석하기도 한다.

또는 이 우화의 원형을 플리니우스와 디오스코리데스(Dioscorides)에서 찾기도 한다. 이들 모두 '물푸레나무'(ash-tree)를 언급했다. 이 나무는 뱀에게만 신기한 효과를 발휘하는데, 뱀은 이 나무를 굉장히 무서워하여 살짝 닿기만 해도 정신없이 도망가고 심지어 너무 놀라 날아오르기까지 한다. 만약 뱀에게 이 나무 그늘을 기어가거나 불길 속을 기어가는 것 중 하나를 택하라고 한다면 뱀은 한 치의 망설임도 없이 후자를 선택할 것이다. 술에 이 나무의 잎사귀를 섞으면 강력한 해독제가 만들어진다.

중세 화가들은 페리덱시온 나무를 나뭇가지와 잎들이 구부러져 서로 맞닿아 있으면서 상호 대칭을 이루는 모습으로 형상화했다. 이는 고대 그리스어에서 기원한 단어('Peridéxion')를 살펴보면 각기 다른 두 가지 방향에서 원을 이루는 완벽한 그림을 의미하기 때문이며, 중세기 생명나무 그림과 상당히 비슷하다는 사실을 알 수 있다. 나무에 달린 과일과 그 옆의 용까지 더해져 생명나무 그림의 변형으로 보는 이들도 있다.

# 087

# 타라스크

Tarasque

1744년 5월 7일 마드리드에서 있었던 퍼레이드의 모습. 퍼레이드에 등장한 타라스크의 모습을 익명의 화가가 템페라화로 그렸다.

타라스크(Tarasque)는 프랑스 남부 프로방스 지역에서 전해져 내려오는 전설 속 괴물이다. 다양한 판본이 있지만 가장 널리 알려지고 지금까지 전해지는 버전은 성녀 마르타가 타라스크를 교화한 이야기다.

『황금전설』(*Legenda aurea*, 중세 유럽의 대표적인 성인[聖人] 전설집 — 옮긴이)에 따르면, 성녀 마르타는 예수가 십자가에서 죽은 뒤 유대 왕국을 떠나 여동생 마리아와 오빠 라자로와 함께 프랑스 프로방스 지역으로 건너온다. 그곳에서 넬루크 마을 사람들이 괴물에게 시달리고 있다는 소문을 듣고 그 괴물을 굴복시키기로 마음먹는다.

'타라스크'라는 이름의 이 괴물은 원래 소아시아 중부의 갈라티아 지방에서 살았으며, 레비아탄과 보나콘 사이에서 태어났다. 사자 머리에 다리가 여섯 개인데 하나같이 곰 다리처럼 무척 두껍다. 소의 몸통에 등은 단단한 거북껍질로 덮여 있다. 꼬리에는 비늘과 껍데기가 가득하고 그 끝에는 전갈 침이 달려 있다. 다른 판본에 따르면 이 괴물은 아를과 아비뇽 사이에 위치한 늪에 살고 있으며, 짐승과 물고기가 절반씩 합쳐진 모습으로 몸통은 황소보다 크고 말보다 길다. 이빨은 칼보다 날카로우며 뿔보다 큼지막하다. 평소에는 물속에 숨어 있다가 사람이나 배가 지나가면 물속으로 끌어들여 잡아먹는다.

넬루크 왕은 기사와 노포를 동원하여 타라스크를 물리치려 했으나 번번이 실패하고 만다. 반면 성 마르타는 전혀 무력을 사용하지 않았다. 늪지로 간 마르타는 손에 십자가를 든 채 괴물의 몸에 성수를 뿌렸다. 그리고 기도와 찬송으로 타라스크를 감화시켜 얌

전하게 만들었다. 그런 다음 타라스크의 목을 자신의 허리띠로 묶어 성 안으로 데리고 들어왔다. 괴물이 모습을 드러내자 성 안에는 한바탕 난리가 벌어졌다. 그간 오랫동안 괴물에 대한 공포와 증오심에 사로잡혀 이성을 상실한 사람들이 일제히 몰려와 그 자리에서 괴물을 죽였다. 하지만 괴물은 사람들의 공격에도 전혀 반항하지 않았다. 그 뒤 성 마르타는 마을 사람들에게 포교 활동을 벌여 그리스도를 믿도록 했고 이에 사람들은 마을 이름을 타라스콘(Tarascon)으로 바꾸었다.

타라스크 이야기와 비슷한 전설이 프랑스와 스페인에도 있다. 이 괴물을 스페인에서는 '쿠카 페라'(cuca ferra)라고 하고, 포르투칼에서는 '코코'(coco)라 부르는데, 등장하는 괴물은 하나같이 등에 단단한 거북껍질을 두르고 있다. 이 이야기의 원형은 안티오키아(Antioch)로 거슬러 올라간다. 전해지는 바로는 안티오키아의 이교도 제사장 아에데시우스(Aedesius)에게 마리아라는 딸이 있었다. 어머니는 마리아가 어렸을 때 세상을 떠났지만 그녀는 어머니를 따라 기독교를 믿으면서 신에게 순결 서원을 했다.

마리아가 어른이 되자 로마 총독은 그녀에게 자기 아내가 되어줄 것과 기독교를 버리라는 요구를 했다. 이를 거절하자 총독은 마리아를 감옥에 가두어버렸다. 그 안에서 마리아는 사탄에게 몇 차례에 걸쳐 시험을 당한다. 그중 하나로 사탄이 용으로 변하여 마리아를 삼켜 버리는데, 마리아는 십자가를 높이 들어 올려 용의 배를 찢고는 그 안에서 벗어난다. 이 전설은 상당히 기괴하지만 민간에서는 마리아를 용의 등을 밟고 서 있는 소녀의 모습으로 형상화했다. 이러한 형상은 민간에서 유행하던 성 마르타 모습과 상당히 유사하기에, 성 동정녀 마리아 전설의 영향을 받아 성 마르타 전설이 탄생했다고 볼 수 있다.

성 동정녀 마리아 전설은 본래 기독교에서 출발한 것은 아니다. 그리스와 근동의 여신 신앙이 기독교로 들어와 기독교화한 것이다. '마리나'(Marina)에 대응되는 그리스어 단어는 '펠라지아'(Pelagia)인데 '바다에서 왔다'는 뜻이다. 희랍 정교회 판본에서는 '진주'를 의미하는 '마르가리타'(Margarita)로 불렀다. 그렇다 보니 성 동정녀 마리아의 원형을 바다에서 탄생한 아프로디테로 보는 학자도 있다. 아프로디테는 수많은 근동 여신들과 관련되어 있기에 타라스크 역시 근동 신화에서 심해에 사는 바다 괴물로 여겨진다. 이 같은 바다 괴물은 여신의 가족이거나 후손 혹은 여신 자신인 경우도 있다.

# 088

# 계피 새

Cinnamalogus

영국의 『동물우화집』에 나오는 계피 새. 작가 미
상으로 대략 1225-1250년경 제작된 것으로 추
정된다.

계피 새(Cinnamalogus, Cinnamon bird)에 관한 기록은 헤로도토스의 『역사』에 처음 등장한다. 계피 나무가 어디에서 자라고 어느 나라에서 그것을 생산하는지는 알려지지 않았다. 간혹 술의 신 바쿠스가 자란 나라에서 계피가 생산된다는 설도 있다. 확실한 건 거대한 새가 계피 나뭇가지를 가져와 둥지를 짓는다는 사실이다. 이 나뭇가지의 이름이 '계피'(cinnamon)임은 그리스인이 페니키아인에게 배웠다고 한다.

이 거대한 새는 깎아지른 듯한 절벽 위에 진흙으로 계피 둥지를 고정해 놓는데 그곳까지 올라갈 수 없는 사람은 아무도 없다. 사람들은 이 계피를 얻으려고 근처에 있는 모든 동물의 주검을 동원하는데, 그것을 큰 덩어리로 잘라 거대한 새가 사는 절벽 부근에 두고는 안 보이는 곳에 숨는다. 그리고 이 새가 내려와 고깃덩어리를 가지고 자기 둥지로 돌아가기를 조용히 기다린다. 그러면 고기 무게를 지탱하지 못한 둥지가 결국 땅으로 떨어지고, 그 순간 숨어서 지켜보던 사람이 뛰어나와 계피를 모아 다른 나라에 판다.

아리스토텔레스가 저술한 『동물의 역사』(*History of Animals*)에도 이 새에 관한 내용이 나온다. 계피 새는 어딘지 알 수 없는 곳에서 계피 나뭇가지를 가져와 크고 높은 나무 꼭대기의 가느다란 가지 위에 둥지를 짓는다. 이 새의 서식지 근처에 사는 주민들은 화살에 무거운 것을 달아 새 둥지를 향해 발사한다. 그러면 화살 무게 때문에 둥지가 뒤집어지고 주민들은 계피 나뭇가지를 손에 넣는다.

플리니우스 또한 『박물지』에서 이 새를 언급했다. 아라비아 반도에 '시나몰거스'(cinnamolgus)라는 새가 사는데 이 새는 계피 나뭇가지로 둥지를 만든다. 사람들은 납 화살을 쏘아 둥지를 떨어뜨려서는 그 계피 나뭇가지로 거래를 한다. 동시에 플리니우스는 이 전설의 진위 여부에 의문을 제기하면서 이 새를 계피 새로 부르는 건 당시 지역 사람들이 계피 생산지를 숨겨 가격을 끌어올리려고 꾸며낸 이야기라고 말한다.

이시도루스의 『어원』에 따르면 계피 새라는 이름은 그들이 계피 나뭇가지로 둥지를 짓는 습성에서 비롯되었다. 이 새는 나무 높은 곳의 가느다란 나뭇가지에 둥지를 틀기 때문에 기어 올라가 둥지를 가지고 내려오는 건 사실상 불가능하다. 그럼에도 이윤에 눈이 먼 상인들은 이 계피 나뭇가지를 무척 갖고 싶어 하고 누구보다 높은 보수를 쳐주려고 한다. 그렇다 보니 누군가가 납 화살을 쏘아 둥지를 떨어뜨리는 방법을 고안해낸 것이다.

계피의 원산지는 사실 중국으로 실크로드가 열리면서 페르시아와 메소포타미아, 유럽 대륙 등으로 계피가 흘러들어간다. 계피는 오랜 기간 다른 향료와 마찬가지로 유럽에서 매우 비싼 가격에 거래되었다. 계피 새와 관련된 전설은 플리니우스의 지적처럼 중동의 상인들이 계피를 독점하여 가격을 올리기 위한 목적에서 일부러 만들어낸 이야기로 볼 수 있다.

# 089

# 어 드라이그 고흐

Y Ddraig Goch

몬머스의 제프리가 쓴 『브리타니아 열왕사』(*His-toria Regum Britanniae*)에 등장하는 보르티게른왕 그리고 붉은 용과 흰 용

'어 드라이그 고흐'(Y Ddraig Goch)는 웨일스어로 '붉은 용'(The Red Dragon)이라는 뜻으로 웨일스를 상징한다. 그에 관한 기록은 9세기 넨니우스(Nennius, 800년경 활동한 영국 웨일스의 역사 편찬자—옮긴이)의 저작『브리튼인의 역사』(Historia Brittonum)와 14세기『마비노기온』(Mabinogion)에 등장한다. 그중『브리튼인의 역사』가 훨씬 이전 작품이지만 붉은 용 이야기의 후반부가 실려 있다. 반면 나중에 나온『마비노기온』에서는 붉은 용과 흰 용의 유래를 설명하고 있다.

『마비노기온』에 따르면 흘루즈왕 통치 시기 매년 5월이 되면 무시무시한 울음소리가 들려왔다. 그 소리에 여자는 유산하고, 동물은 새끼를 못 배고, 식물은 메마르고 토지는 황폐해졌다. 해결방법을 찾지 못한 왕은 프랑스에 있는 동생 흘레베리스에게 조언을 구했다. 흘레베리스는 그 소리가 붉은 용이 다른 지역에서 온 흰 용과 싸우면서 내는 비명소리라고 알려주었다. 그러면서 왕에게 브리튼 중심부를 찾아 커다란 구덩이를 판 뒤 그 안에 벌꿀을 가득 채워 넣고 그 위를 천으로 덮도록 했다. 밤이 되자 싸움에 지친 붉은 용과 흰 용이 벌꿀 냄새를 맡고 구덩이 안으로 들어와서는 배불리 먹은 뒤 깊은 잠에 빠졌다. 왕은 그 틈에 천으로 두 용을 싸서는 돌로 만든 상자에 넣고 스노우도니아의 디나스엠리스 언덕 아래 묻도록 했다.

『브리튼인의 역사』를 보면 보르티게른(Vortigern)이라는 왕이 색슨족의 반란으로 웨일스로 퇴각한 뒤 스노우도니아의 디나스엠리스 언덕에 성루를 쌓았다. 그런데 매번 잘 지어놓으면 성루가 밤마다 사라져버리는 일이 반복되었다. 괴이한 일이 자꾸 벌어지자 보르티게른왕은 마술사를 찾아갔다. 마술사는 그에게 선천적으로 아버지 없이 태어난 소년을 제물로 바쳐 피를 그 땅 위에 뿌리면 성루를 건설할 수 있다고 말했다. 오랫동안 찾아 헤맨 끝에 왕은 암브로시우스라는 소년을 발견했다. 하지만 소년은 마술사를 정면에서 비난하면서 왕에게 붉은 용과 흰 용 이야기를 들려주었다. 그 이야기를 들은 보르티게른왕은 그 아래 땅을 파헤쳐서는 붉은 용과 흰 용을 풀어주었다. 그러자 두 마리 용은 계속해서 싸움을 벌였는데 결국 붉은 용이 승리를 거두었다. 이 암브로시우스라는 소년은 이후에 아서왕 이야기에 나오는 유명한 마법사 멀린으로 성장한다. 소년이 왕에게 아뢰길, 흰 용은 색슨족을 의미하고 붉은 용은 보르티게른왕의 백성을 뜻하며, 붉은 용이 흰 용을 물리쳤다는 건 보르티게른왕을 따르는 이들이 마침내 색슨족과 싸워 이긴다는 예언이라고 한다.

# 090

# 바실리스크

Basilisk

콘라트 게스너의 『동물지』에 나오는
바실리스크

‘바실리스크’(Basilisk)라는 명칭은 그리스어로 ‘작은 왕’을 뜻하는 ‘바실리스코스’(βασιλίσκος)에서 유래했다. 작다고 한 건 몸길이가 손가락 12개를 이은 정도밖에 안 되기 때문이다. 왕이라 부르는 이유는 머리 위에 왕관을 연상케 하는 우뚝 솟은 하얀색 무늬가 있어서이다. 이 외에는 보통의 뱀과 큰 차이가 없다. 바실리스크는 뱀들의 왕으로 여겨지는데 힐끗 보는 것만으로도 모든 생명을 앗아갈 수 있는 힘을 지녔기 때문이다. 전설에 따르면 수탉이 낳은 알을 뱀이나 두꺼비가 품어 바실리스크가 태어난다. 중세기에 바실리스크는 닭의 특징을 더 많이 보이면서 거의 닭과 유사한 모습으로 바뀌었다.

바실리스크에 대한 최초 기록은 플리니우스의 『박물지』에 등장한다. 그에 따르면 바실리스크는 리비아의 키레네 지방에 서식하며, 사람 손가락 12개 정도 길이에, 머리에는 왕관처럼 보이는 흰 반점이 있다. 바실리스크가 쉿쉿 소리를 내며 나타나면 모든 뱀이 꽁무니를 뺀다. 바실리스크는 다른 뱀들처럼 구불구불 가지 않고, 몸을 꼿꼿이 세운 채 일직선으로 지나간다. 바실리스크의 몸에 닿기만 해도 혹은 그 숨결만으로도 근처에 있는 모든 나무와 풀이 말라 시들고 바위가 쪼개진다. 로마인들은 사하라 사막이 본래는 초목이 울창한 비옥한 땅이었는데 바실리스크 때문에 사막으로 변했다고 믿었다.

고대 로마의 시인 마르쿠스 루카누스(Marcus Annaeus Lucanus)는 자신의 시에서 바실리스크의 강력한 독에 대해 자세히 설명해놓았다. 새는 바실리스크가 있는 하늘 위를 날아가기만 해도 그 독에 중독되어 떨어져 죽는다. 말을 탄 기사가 긴 창으로 바실리스크를 찌르면 그 독이 창을 타고 올라와 기사뿐만 아니라 말까지 한꺼번에 죽는다. 하지만 이런 바실리스크에게도 족제비라는 천적이 있다. 족제비는 운향이라는 약초를 사용하는데 운향은 바실리스크의 독으로부터 족제비를 보호한다. 족제비는 바실리스크의 둥지로 파고 들어가 바실리스크가 숨이 끊어질 때까지 가슴을 단단히 물고 절대 놓지 않는다. 바실리스크와 족제비의 이 같은 앙숙 관계는 코브라와 몽구스의 천적 관계를 그대로 옮겨온 것으로 보인다.

이후 바실리스크 전설에 여러 저자가 달려들어 플리니우스가 언급한 적 없는 내용을 덧붙였다. 에스파냐 세비야의 대주교 이시도루스 때부터 바실리스크는 모든 뱀의 왕으로 묘사되었고, 영국의 역사가이자 철학자 베다(Beda Venerabilis)는 수탉이 낳은 알에서 바실리스크가 탄생했다고 기술했다. 영국의 자연과학자 알렉산더 네캄(Alexander Neckam)은 바실리스크의 강력한 힘이 부패한 공기에서 비롯된다고 주장했다.

연금술사들은 바실리스크의 피에 인간의 피, 구리 가루, 비밀 제조법으로 만든 식초를 섞으면 구리를 스페인 황금으로 바꿀 수 있다고 믿었다. 독일의 스콜라 철학자 알베르투스 마그누스(Albertus Magnus)는 바실리스크의 죽음 어린 눈빛을 언급하면서 그 외에 수탉이 낳았다거나 그 뼛가루가 은을 황금으로 변하게 한다는 등의 다른 전설은 모두 부인했다. 중세 영국의 시인 제프리 초서(Geoffrey Chaucer)는 바실리스크를 죽이는 방법을 기록해놓았는데, 수탉의 울음소리를 듣게 하거나 또는 거울을 그 앞에 두어 스스로에게 도

전하게 만들거나 자신의 죽음의 눈빛을 응시하게 하는 것이었다.

시간이 흐르면서 바실리스크는 전설 속에서 더욱 강하고 무시무시한 존재로 변해갔다. 입으로는 불을 뿜어대고, 울음소리만으로 생명체를 죽게 하며, 물건에만 닿아도 그것을 지닌 사람까지 죽는다. 독일의 철학자이자 주술가인 하인리히 코르넬리우스 아그립파(Heinrich Cornelius Agrippa)는 바실리스크 전설을 더욱 풍성하게 발전시켰다. 그에 따르면 바실리스크는 원래 중동 리비아의 키레네 지방에 서식했는데 스페인의 칸타브리아 지방으로 옮겨왔다. 고대에는 세계 이곳저곳에 광범위하게 퍼져 살았지만 지금은 찾아볼 수 없다. 늙은 수탉이 죽기 전날 밤 자정에 보름달이 뜨고 공기가 청량하면 바실리스크 알을 낳고 죽는다. 알껍데기는 부드럽지만 무척 단단하다. 막 알을 깨고 나온 바실리스크는 불을 뿜는 듯한 눈을 가지고 있는데, 그 시선이 닿으면 사람이나 동물 모두 죽는다. 족제비만이 바실리스크와 맞서 싸울 수 있으며, 수탉의 울음소리를 들으면 바실리스크는 죽는다.

중세시대 전염병이 확산되자 병과 죽음을 상징하는 바실리스크 전설 역시 크게 유행하면서 사람들을 집단적인 공포로 몰아넣었다. 전해지는 바로는 교황 레오 4세 때 로마의 한 신전 근처에 있는 아치형 문아래 바실리스크 한 마리가 숨어 있었다. 이 바실리스크의 냄새 때문에 전염병이 크게 확산했고 결국 교황 레오 4세가 기도로 바실리스크를 죽여 도시를 구해낸다. 1202년 비엔나에 원인을 알 수 없는 집단 혼절 사태가 벌어졌는데 추적 결과 한 우물에 바실리스크가 숨어 있는 것이 발견되었다. 하지만 발견 당시 바실리스크는 이미 죽은 상태였으며 사람들은 조각상을 세워 이를 기념했다. 1474년 스위스 바젤에서 막 알을 낳으려는 수탉을 사람들이 발견했다. 지방 당국은 이 수탉을 사로잡아 재판에 넘겼고 화형이 선고되었다. 화형을 집행하기 전 사람들은 망나니를 불러 이 수탉의 배를 갈랐는데 그 안에서 발육 상태가 각기 다른 세 개의 알이 발견되었다.

1587년 폴란드 바르샤바에서 발생한 바실리스크 사건은 무엇보다 상세하게 기록되어 있다. 칼 만드는 사람의 5살 난 딸과 다른 여자아이가 어느 날 흔적도 없이 사라졌다. 그 아이의 엄마와 하녀는 마을 곳곳을 샅샅이 찾아다닌 끝에 30년 전 허물어진 집의 지하실에서 두 소녀를 발견했다. 아이들은 바닥에 누워 있었는데 전혀 움직이지 않았고 하녀가 아무리 불러도 대답이 없었다. 그들을 구하기 위해 하녀는 용기를 내어 지하실로 내려갔다. 하지만 얼마 지나지 않아 그녀도 지하실 바닥에 쓰러지고 말았다. 아이 엄마는 기지를 발휘하여 바로 따라 내려가지 않고 마을로 달려와 도움을 청했다.

이 소문은 삽시간에 바르샤바 전역으로 퍼져 나갔다. 사람들은 공기 중에 호흡곤란을 초래하는 가스가 원인일 거라면서 이렇게 괴상한 가스는 바실리스크만이 만들어낸다고 수군거렸다. 소문에 놀란 지역 참의원은 베네딕투스라는 의사를 불러 사건을 조사하게 했다. 그는 과거 국왕의 어의로 일했으며 신비학에도 조예가 깊은 학자였다. 조사관들이 긴 갈고리를 이용해 주검을 밖으로 빼내보니, 몸이 북처럼 비정상적으로 부어 있고, 눈은 달걀 마냥 툭 튀어나와 있었다. 이는 분명 정상적인 죽음이 아니라고 판단한 그는 부검 현장에서 이들이 바실리스크의 독에 당했다고 발표했다. 그러면서 공기와 접촉이 완전히 차단되는 옷을 입고, 유리로 된 창이 달린 머리 가리개를 쓴 채, 쇠스랑을 손에 쥐고 지하실로 내려가 바실리스크를 잡도록 건의했다.

하지만 전국 방방곡곡에서 지원자를 모집해도 군인, 경찰, 일반 시민을 통틀어 아무도 나서려 하지 않았다. 마지막 수단으로 수감된 한 죄인을 설득하는 데 성공했는데 바실리스크를 잡으면 무죄로 석방한다는 조건을 달았다. 드디어 그가 지하실로 내려가기로 한 날, 현장에는 2천 명이 넘는 사람들이 몰려와 그를 응원했다.

1시간 넘게 찾아 헤맨 끝에 그는 지하실 벽면의 오목하게 들어간 곳에서 괴상한 동물을 발견했다. 목숨을 건 사투가 벌어졌고 마침내 그는 해를 향해 쇠스랑을 높이 들어 올렸다. 쇠스랑에는 아직도 몸을 비틀어대는 괴상한 동물이 걸려 있었다. 수탉의 머리에 두꺼비의 눈을 하고 왕관같이 보이는 볏을 달고 있었으며, 구불구불한 꼬리에 온몸에는 사마귀와 비늘이 가득한데 독을 가진 동물 특유의 붉은색이 햇빛 아래에서 밝게 빛났다. 이야기는 여기에서 끝이 난다. 그 후로 이 바실리스크의 행방을 아는 사람은 아무도 없다고 전해진다.

# 091

# 타첼부름

Tatzelwurm

스위스 학자 제이콥 쇼이처(scheuchzer)가 1723년
발표한, 등산 중에 스위스 용을 만난 사람의 모
습. 알프스에서 전해지는 수많은 용에 관한 전설
중 하나지만, 그림 속의 용을 타첼부름으로 보는
견해도 있다.

타첼부름(Tatzelwurm)은 알프스 지역에 산다는 전설 속 괴물로 '알프스 용' 또는 '스위스 용'으로도 불린다. 하지만 알프스가 독일, 오스트리아, 스위스, 이탈리아에 두루 걸쳐 있다 보니 지역마다 부르는 호칭이 다르다('Stollenwurm', 'Springwurm', 'Arassas', 'Praatzelwurm', 'Bergstutzen' 등의 다양한 이름이 있다).

기록에 따르면 타첼부름은 1779년에 최초로 목격되었는데, 이 괴물을 목격한 불행한 사람은 한스 푹스(Hans Fuchs)였다. 타첼부름과 마주친 그는 충격을 받아 심장병을 앓게 되었고, 세상을 떠나기 전 가족들에게 타첼부름을 만난 사실을 알렸다. 그의 묘사에 따르면 이 괴물은 1.5미터에서 2미터 정도 크기에 뱀의 몸을 하고 있고, 앞발에는 발톱이 있으며, 고양이 머리에 입에는 날카로운 이빨이 있다.

1828년 타첼부름을 만났다는 사람이 또 한 명 등장했는데 이번에는 괴물의 주검을 마주친 것이었고 게다가 이미 까마귀들이 절반을 먹어치운 뒤였다고 한다. 또 1883년 혹은 1884년에 카스파 아놀드라는 사람이 오스트리아 티롤 주 호츠필젠 부근의 스필버그라는 마을에서 타첼부름을 목격했다고 전해진다. 당시 아놀드는 산속 여관에 묵고 있었는데 그 앞에 타첼부름이 20분간 모습을 드러낸 뒤 사라졌다. 그에 따르면 이 괴물은 다리가 두 개다.

19세기에 이르러 타첼부름이 사람을 공격했다는 이야기가 퍼져 나가기 시작했다. 한 목격담에 따르면 스위스의 농장에서 한 소녀가 이 괴물에게 습격을 당했다. 당시 소녀는 콩대를 베고 있었는데 마침 근처에는 또 다른 타첼부름이 있었고, 훼방꾼이 나타났다고 생각한 녀석은 소녀를 공격했다. 소녀 말로는 이 괴물은 회색빛을 띠며 집 고양이와 비슷한 크기인데, 반질반질한 몸에 털이 하나도 없고 앞다리만 두 개 달려 있었다.

비슷한 습격을 받았다는 다른 기록에 따르면 한 남자는 자기 아들과 둘이서 약초를 캐러 산에 올랐다. 그런데 갑자기 어디에선가 아들의 비명이 들려왔다. 얼른 아들 곁으로 달려가 보니 그 근처 바위 아래 괴상하고 무시무시하게 생긴 생물이 하나 있었다. 입에서는 뱀처럼 쉬쉬 소리를 냈고, 얼굴은 고양이를 닮았으며 두 개의 큰 눈은 번뜩이고 있었다. 남자가 뾰족한 나무막대로 살짝 찔러 상처를 내자 거기서 녹색 피가 뿜어져 나와 남자의 다리에 튀었다. 다리에 화상을 입은 남자는 절뚝거리며 산에서 내려왔다.

20세기에는 더 이상 괴물 전설이 유행하지 않는다. 남아 있는 괴물들은 모두 미확인 생물체(UMA)로 분류되었고 타첼부름도 그중 하나다. 1921년 여름, 두 명의 목격자가 오스트리아 잘츠부르크 라우리스 부근에서 타첼부름을 봤다고 진술했다. 당시 괴물은 이들을 향해 2.7미터 정도 하늘을 날아왔다고 한다. 그들은 타첼부름이 회색 빛 몸에 다리가 두 개 달렸으며 약 0.6-0.9미터 크기로 머리는 고양이를 닮았다고 전했다.

1924년에는 타첼부름의 뼈를 발견했다는 사람이 둘 나타났다. 1934년 볼킨이라는 스위스 사진사는 자신이 스위스 베른의 마이링엔에서 타첼부름의 사진을 찍었다고 주장했다. 하지만 검증 결과 사진은 조작된 것으로 밝혀졌고 그 안에 형상은 도자기로 만든 물고기였다. 타첼부름을 목격했다는 보고는 지금도 이어지고 있다. 최근에는 2009년 이탈리아 트레스비소에서 이 괴물을 봤다는 신고가 접수되었다. 하지만 아마도 어느 집에서 기르는 애완용 도마뱀이 길을 잃고 헤매다가 그 지역 사람들에게 목격되어 타첼부름이나 바실리스크로 오해받았을 가능성이 높다.

현대에는 타첼부름의 원형을 도롱뇽이나 독 도마뱀 혹은 도마뱀에서 찾는다. 그런데 독 도마뱀과 도마뱀은 알프스 지방에 서식하지 않는다. 전설에 따르면 타첼부름은 겨울잠을 자는데 '스톨른부름'(Stollenwurm)이라는 명칭도 여기서 비롯되었을 것이다. 겨울이 되면 산 중턱의 갈라진 틈이나 건초 보관소의 건초 더미 아래에 숨어 잠을 잔다. 그렇다 보니 알프스나 외딴 마을에 사는 사람과 가축들이 숨어 있던 타첼부름의 습격을 받았다는 기록이 다수 존재한다. 겨울잠은 도롱뇽의 특징이기도 하고 알프스는 이들의 주요 서식지에 해당한다. 하지만 겨울잠이라는 공통점을 제외하면 도롱뇽과 전설 속 타첼부름은 전혀 겹치지 않는다. 따라서 타첼부름이 정말로 실존했던 동물인지 아니면 특정 신화와 문화, 의식, 풍습 속에서 만들어지고 변형된 전설 속 괴물인지는 여전히 고증이 필요하다.

# 092

# 샐러맨더

Salamandra

미하엘 마이어가 1617년 발간한 『아탈란타 푸가』(*Atalanta Fugiens*)에 등장하는 샐러맨더

중세기에 샐러맨더(Salamandra)는 불과 관련된 상징적 부호로 사용되었다. 반면 플리니우스의『박물지』를 비롯한 여러 문헌을 보면 샐러맨더는 체온이 매우 낮은 생물로 묘사된다. 체온이 너무 낮아 타오르는 불을 끌 수 있을 정도이며 이러한 탓에 불을 두려워하지 않는다. 도마뱀처럼 생긴 몸에는 반점이 가득하다. 입에서는 우윳빛 액체가 분비되는데 이 액체가 사람 몸에 닿으면 그게 어느 부위든 털이 빠지고 피부가 변색되며 두드러기가 일어난다. 비가 많이 내릴 때를 제외하고는 절대 밖으로 나오지 않으며, 날이 개면 다시 사라진다. 샐러맨더는 강한 독을 지니고 있기에 녀석이 직접 접촉한 그릇으로 물이나 술을 마시면 중독되어 사망한다.

이시도루스가 편찬한『어원』에도 샐러맨더 관련 전설이 자세히 기록되어 있다. 샐러맨더에게는 동물 중 유일하게 자신의 몸으로 불을 끄는 능력이 있다. 심지어 불 속에서 살 수도 있는데 불에 타지 않고 고통스러워하지도 않는다. 독이 있는 동물 중에서 가장 강한 독을 지니고 있어서 약간의 독으로도 많은 사람을 죽음으로 몰아넣을 수 있다. 샐러맨더가 기어오른 과일 나무의 열매에는 모두 독이 오르고, 이 과일을 먹는 사람은 중독되어 죽는다. 또한, 샐러맨더가 우물에 빠지면 우물물에 온통 독이 번져 이 물을 마시는 사람은 모두 죽음에 이른다.

중세기네 샐러맨더는 더욱 다양한 형태로 등장한다. 뱀과 같은 연형동물로 묘사되거나 흰 작은 새로 표현되기도 한다. 때로는 귀가 달린 개와 비슷한 생물로 그려지거나 심지어 사람 얼굴에 수염이 나 있고 모자를 쓴 인간과 짐승이 뒤섞인 모습으로 출현하기도 한다. 이는 대부분 종교적 의미를 지닌 풍자화이며 그중 도마뱀으로 표현될 때가 가장 많다. 또한, 연금술에서 샐러맨더는 유황이나 황화물을 의미한다.

석면이 혼방된 직물은 중국 전설에 나오는 불 쥐(화서[火鼠]라고도 불리는 중국 전설상의 짐승. 불 속에 있더라도 타죽지 않는 몸이다—옮긴이) 가죽처럼 불에 타지 않는 특성 탓에 샐러맨더의 가죽으로 만든 것으로 오해받곤 했다. 또한, 동방에서 전해지다 보니 전설 속 샐러맨더의 가죽 제품은 사제왕 요한 혹은 인도 황제의 사적에 포함되거나 비단과 관련된 전설과도 뒤섞였다. 전설에 따르면 샐러맨더는 불 속에 살면서 실을 토해내는 벌레로 이 실로 만든 옷은 불 속에 한번 넣었다 빼면 바로 깨끗해진다.

르네상스 시기에도 샐러맨더 전설은 여전히 인기를 끌었다. 레오나르도 다빈치에 따르면 샐러맨더는 불 외에는 아무것도 먹지 않기 때문에 몸 안에 소화 기관이 없다. 이 생물은 불 속에서 죽은 가죽을 벗고 끊임없이 새 가죽으로 갈아입는다. 연금술사 파라셀수스는 샐러맨더는 악마가 아니라 불 원소의 화신이며, 인간과 비슷한 성질을 지녔지만 영혼은 얻지 못했다고 보았다.

유럽에는 샐러맨더와 관련된 많은 민간 전설이 존재한다. 예컨대 샐러맨더의 맹독성 숨결에 닿은 사람은 온몸이 부어오르면서 피부가 파열된다고 전해진다. 프랑스 브르타뉴 지방 사람들은 샐러맨더라는 이름을 입 밖에 내는 것조차 꺼리는데 그 소리에 샐러맨더가 자신들을 죽이러 올까 봐 두렵기 때문이다. 사람들은 샐러맨더가 아주 드물게 호흡하는데 만약 죽이려면 밀폐된 상자 안에 가두고 자신의 맹독성 숨결을 들이마시게 하면 된다고 생각했다.

샐러맨더의 원형은 불 도롱뇽에서 찾을 수 있다. 이 도롱뇽은 온통 검은색 몸에 노란색 반점이 있으며 주로 중유럽과 남유럽에서 서식한다. 보통 밤에 활동하는데 비가 오는 날에는 더욱 눈에 많이 띈다. 불 도롱뇽은 마른 나무에 숨는 습관이 있다고 알려졌다. 그런데 마른 나무가 땔감으로 주로 쓰이다 보니 그 안에 숨어 있던 불 도롱뇽이 높은 온도를 견디다 못해 도망쳐 나오는데 그 모습이 마치 불 속에서 태어나는 것처럼 보인다는 것이다. 또한, 불 도롱뇽은 아주 강한 독소를 내뿜는데 이 독은 고혈압이나 근육 경련, 과다호흡을 유발할 수 있다. 이러한 특성이 여러 사람을 거치며 윤색되고 부풀려지면서 결국 샐러맨더 전설이 탄생했다.

# 093

# 코카트리스
cockatrice

키르허가 1678년 출간한 『지구 아래 세계』(Mun-
dus subterraneus)에 나오는 코카트리스

코카트리스는 치명적인 능력을 지닌 전설 속 괴물이다. 코카트리스(cockatrice)라는 명칭은 라틴어 '칼카트릭스'(calcatrix)가 변형된 것으로 '걷다'라는 뜻의 '칼카레'(calcare)에서 유래했다. '칼카트릭스'에 대응하는 그리스어는 '익뉴먼'(ichneumon)인데 그중 '익크노스'(ichnos)는 '발자취'를 의미하며, '익뉴먼'이라는 명칭은 플리니우스의 『박물지』에 나온다.

코카트리스는 뱀과 죽기 살기로 사투를 벌이는데 이때 자신만의 분명한 전략을 가지고 있다. 먼저 진흙으로 온몸을 감싼 뒤 햇볕 아래서 말린다. 이렇게 몇 차례 반복해 두꺼운 진흙층을 만들어 자신에게 일종의 갑옷을 입힌다. 싸울 때는 상대의 허점을 발견할 때까지 이리저리 움직이며 피해 다닌다. 그러다 머리를 옆으로 기울여 뱀의 목을 겨냥해 순간 몸속으로 뚫고 들어간다. 악어와 마주쳤을 때도 같은 방법으로 공격한다. 플리니우스가 코카트리스의 모습을 따로 언급한 적은 없지만, 아마도 아프리카와 스페인에 서식하는 미어캣이나 그와 유사한 생물일 것으로 추정된다.

시간이 흐르면서 사람들은 코카트리스를 뱀과 같은 동물로 여기기 시작했고 악어나 바실리스크(→90번 참조)와 혼동했다. 특히 바실리스크는 코카트리스 전설에 큰 영향을 끼쳤다. 그 결과 코카트리스는 수탉 머리에 발이 두 개며 날개 달린 용과 유사한 괴상한 생물로 바뀌었다. 또한, 바실리스크와 동일하게 수탉이 낳은 알을 뱀이 부화해 태어났다고 알려졌다. 능력도 똑같아서 어떤 식물이든 닿기만 해도 말라 죽는데 운향(芸香)만 그 독에 영향을 받지 않으며, 그의 눈길이 향하는 사람이나 동물 모두 중독되어 죽는다.

수탉의 울음소리를 가장 무서워하며 족제비가 천적이다. 이처럼 문헌이 전해지는 과정은 무척 신기하고도 오묘하다. 원래 뱀의 숙적이었던 코카트리스가 뱀과 같은 형태의 괴물로 바뀌고, 이 뱀 같은 괴물의 원형은 또 그의 숙적이 된 것이다.

# 094

# 파구아 호수의 괴물
Monster of Lake Fagua

1784년 출판된 파구아 호수의 괴물 판화

1784년 프랑스의 『쿠리에 드 뢰롭』(*Courier de L'Europe*) 신문에는 다음과 같은 기사가 실렸다. "페루 산타페의 파구아 호수에서 이상한 괴물이 발견되었다. 몸길이가 약 6미터에 달하고 몸 전체가 비늘로 덮여 있으며, 사람의 얼굴을 하고 있는데 입이 얼굴 길이만큼 길게 찢어져 있다. 0.6미터 정도 되는 소의 뿔에 당나귀의 큰 귀, 사자의 날카로운 이빨, 박쥐의 날개를 달고 있으며, 머리카락이 길어서 땅에 끌릴 정도다. 하반신은 용이며 그 끝은 꼬리 두 개로 갈라져 있다. 꼬리는 굉장히 날카로운데 그중 하나로는 사냥한 동물을 휘감고 나머지 하나로는 찔러 죽인다. 주로 한밤중에 출몰하며 근처에서 소나 돼지 같은 가축을 잡아간다." 기사에 따르면 사람들은 이 생물을 사로잡았으며 유럽으로 가져와 전시할 예정이었다. 하지만 이후 이 기사가 가짜 뉴스였으며, 18세기 말 프랑스에서 유행하던 수많은 '풍자만화' 중 하나라는 사실이 밝혀졌다.

'파구아'(Fagua)는 '파구'(Fagu) 또는 '파구나'(Fagna)라고도 불렸다. 이 괴물에 관한 전설은 하르피이아를 비롯한 다양한 이야기가 합쳐져 탄생했다. 근대 프랑스 민중은 하르피이아를 프랑스 황실의 사치스런 생활과 무절제한 지출, 국고 탕진, 무능한 의회 등을 상징하거나 풍자하는 데 주로 이용했다. 이는 당시 프랑스인들이 그리스 신화에 나오는 하르피이아를 자기 방식대로 해석한 데서 비롯되었다. 이들은 하르피이아를 굶주림과 황폐함, 비옥한 토지의 파괴, 가축의 헛된 낭비, 식탁 위 음식을 도둑질해간다는 의미로 보았다.

하지만 고대 그리스 신화에 등장하는 하르피이아는 사람 머리에 새의 몸을 가진 괴물일 뿐 앞서 언급한 특이한 신체적 특징은 없다. 구체적인 호수 괴물 형상은 18세기 후기 벨기에의 아르덴 숲에서 전해지는 괴물에서 유래했다. 당시 사람들은 이 괴물의 모습을 판화로 남겨 놓았다. 한 쌍의 박쥐 날개가 달려 있고 용의 꼬리에 당나귀 귀와 새의 발톱을 지니고 있었다. 몸통과 팔, 얼굴은 사람과 매우 유사하며 유방이 축 늘어져 있고 긴 머리카락은 뱀으로 되어 있었다. 분노로 이글거리는 눈은 미치광이의 눈빛인데 발톱으로는 어린아이를 움켜쥐고 꼬리로는 양을 휘감았다. 이때까지만 해도 사람들은 아르덴 숲의 괴물에게 어떤 정치적 의미도 부여하지 않았다. 단순히 엽기적인 이야깃거리였을 뿐이다.

이 괴물을 프랑스 전역에서 유명하게 만든 사람은 바로 루이 18세였다. (아직 왕의 자리에 오르기 전인) 1784년 루이 18세의 명령으로 『상징적인 괴물에 대한 역사적 설명』(*Historical Description of a symbolic monster*)이라는 소책자가 발간되었다. 이 책에서 아르덴 숲의 괴물은 파구아 호수의 괴물(Monster of Lake Fagua)로 바뀌었다. 또한, 이 괴물을 잡은 사람이 'Francisco Xaveiro de Meunrios'라고 나오는데 바로 루이 18세 본인을 가리킨다. 과거 그는 '무슈'(Monsieur)라는 호칭으로 불린 적이 있으며 'Meunrios'는 'Monsieur'의 알파벳 자모의 순서를 바꾼 것에 불과하다.

이 괴물에 관한 소문은 프랑스 구석구석으로 빠르게 퍼져 나갔다. 파리의 많은 출판사가 이 괴물 형상이 인쇄된 서적을 쏟아냈고 다양한 판본이 나왔지만 내용은 대부분 비슷했다. 괴물에 대한 호기심 탓에 프랑스인들은 이것이 누군가가 조작한 전설일 수도 있음을 간과한 것이다. 일부 판본에서는 페루 총독이 이 괴물을 사로잡아 스페인으로 가져와서는 카를로스 5세에게 바쳤고, 그 후손이 유럽으로 퍼져 나갔다고 적혀 있기까지 했다. 자신이 꾸며낸 전설이 이처럼 엄청난 영향력을 발휘하면서 진짜로 믿는 사람이 늘어나고 심지어 직접 스페인 카디즈 항구에 가서 연구해야 한다고 주장하는 학자들까지 등장하자 루이 18세는 한껏 우쭐해졌다.

동시에 1784년 무렵 파리에서는 '하르피이아'(La Harpie, The Harpy)라고 불리는 여성 복장이 유행했고 마리 앙투아네트를 비롯한 많은 여성을 사로잡았다. 꽃무늬 비단 리본이 달린 삼각형 형태의 드레스와 모자는 보는 사람으로 하여금 파구아 호수 괴물의 뿔과 이빨, 발톱을 연상하게 했다.

1786년에 〈세 어리석음〉(Les Trois Folies)이라는 연극이 상영되었다. 이 연극은 피가로와 수잔나라는 인물이 낯선 이국의 섬에서 예상치 못한 고난을 겪는다는 이야기였다. 섬에는 타민족에게 적대적인 원주민과 하르피이아가 살고 있었는데 수잔나가 이들에게 포로로 잡힌다. 결론적으로 수잔나는 탈출하고 피가로는 섬에서 왕의 자리에 오른다. 처음에 이 연극은 상연 시기가 몇 달 미루어졌는데 당시 프랑스의 거물급 정치가이자 재무장관인 칼론(Charles-Alexandre de Calonne)을 풍자적으로 묘사했다는 이유에서였다.

1797년 암스테르담에서 출간된 소책자에는 황후와 하르피이아가 합쳐진 형상이 등장하는데 왕실에 대한 일종의 신랄한 풍자였다. 이후 국민의회를 풍자하는 만화에서도 하르피이아가 등장하는데 뿔에 다양한 형태의 구슬이 달려 있고 그 구슬 위에 각종 법

안과 선언문 이름이 쓰여 있었다.

1792년에는 새로운 형식의 형상이 등장하는데, 자유를 상징하는 아름다운 젊은 여성이 하르피이아 또는 히드라를 밟고 서 있었다. 10년이라는 세월을 거치면서 하르피이아는 대중의 사랑을 받는 이야깃거리에서 타락과 추악함의 상징으로 변하고 만다. 이는 분명 괴물 전설을 부풀려서 퍼뜨렸던 루이 18세가 전혀 예상치 못한 결과였다.

# 095

# 시 멍크

Sea Monk

16세기 독일의 판화 팸플릿에 등장한 시 멍크

'시 멍크'(Sea monk)는 직역하면 '바다의 수도승'으로 옮길 수 있다. 중국에서는 '바다의 승려'라고 번역하기도 하는데, 일본에 전해져 내려오는 바다 요괴 우미보우즈와 관련된다. 중국의 고서 『삼재도회』(三才圖會)에도 승려 물고기에 대한 기록이 남아 있다. 하지만 시 멍크는 앞의 존재들처럼 자연재해를 일으키는 요괴도 아니고 대머리에 거북 등을 지니고 있지도 않다. 단지 사람들에 의해 이야기가 끊임없이 와전되면서 본래 전설은 확인할 길이 없다.

1546년 덴마크 동해안의 셀란 섬 근처 외레순 해협에서 수도승을 닮은 해양 생물이 발견되었다는 기록이 있는데 여기에서는 물고기로 묘사되어 있다. 대략 2.5미터 정도 되는 길이에 머리는 검은색이며 복부 측면에 입이 달려 있고 등지느러미와 꼬리지느러미가 붙어 있다.

1770년 기록된 문헌에는 이 생물이 수도승으로 불리게 된 원인이 나와 있다. 마치 수도승처럼 숨어 사는 습관이 있기 때문이라고 설명하고 있는데 이는 글자만 보고 해석한 것이 분명하다. 문헌에는 시 멍크의 모습이 자세히 묘사되어 있다. 사람 머리와 얼굴을 하고 있고 머리는 수도승처럼 박박 깎았는데 머리 꼭대기에 머리카락이 둥글게 한 가닥 둘려 있다. 하반신은 비늘로 덮여 있는데 인간의 관절 및 하반신과 차별을 두기 위해 일부러 설정한 것처럼 보인다.

이렇듯 세밀한 묘사가 더해질수록 점점 더 기이한 모습으로 변해갔고 초기 판본에 등장하는 시 멍크보다 훨씬 더 세간의 이목을 집중시켰다. 그 결과 유럽에서 유행하는 많은 판본에서 시 멍크는 대체로 위와 같은 모습으로 묘사되기 시작했다. 또한, 그 묘사된 바를 근거로 제작된 형상들이 각종 신문에 등장했으며 박물학자들 역시 앞다투어 자기 저작에 그 모습을 실었다.

시 멍크와 관련해서 따로 전해지는 이야기는 없다. 단지 해안가에서 기이한 생물이 발견되었다는 기록만 있다 보니 문헌에 나오는 내용을 근거로 그 진위 여부를 가리거나 원형을 찾는 일에 논의가 집중되었다. 시 멍크가 사실은 대왕오징어나 아귀, 바다코끼리, 바다표범 등이라는 주장도 제기되었다. 또는 제니 하니버(→ 96번 참조) 전설과 관련지어 가오리로 만든 가짜라고 주장하는 이들도 있었다.

반면 이를 반박하는 쪽에서는 시 멍크가 말린 주검이 아니라고 목소리를 높였다. 학자들의 최근 이론에 따르면 시 멍크는 천사 상어가 그 원형일 가능성이 높다. 천사 상어는 태평양 천사 상어라고도 불리는데 몸통 실루엣이 박물학자들의 책에 나오는 시 멍크와 상당히 유사하다. 단 아쉽게도 머리 부분은 검은색이 아니다.

이 밖에도 사회문화적 측면에서 이 전설을 해석하는 이들도 있었다. 당시 유럽에서는 종교개혁이 일어나고 있었는데 시 멍크가 발견된 1564년은 마침 독일의 종교개혁을 주도한 마르틴 루터가 세상을 떠난 해였다. 루터파 교회는 각종 괴물의 출현을 불길한 징조라고 주장하며 로마 가톨릭교회를 공격하는 데 적극 활용하고 있었고, 시 멍크 역시 인쇄물에 출현했다. 덴마크 또한 독일의 영향으로 가톨릭교회를 버리고 루터파 교회를 따르기 시작했으며, 현재 덴마크인의 85퍼센트 이상은 개신교 계통인 루터교를 믿는 반면 가톨릭 신자는 0.6퍼센트에 불과하다. 이런 배경의 영향으로 시 멍크 전설 후반부에 덴마크 국왕의 명령에 따라 시 멍크의 주검을 매장하는 장면이 등장한다.

# 096

# 제니 하니버

Jenny Haniver

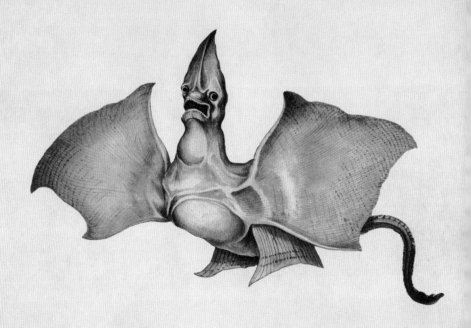

울리세 알드로반디의 『괴물의 역사』에 나오는
제니 하니버

제니 하니버(Jenny Haniver)라는 이름은 '안트웨르펜의 젊은이'라는 의미의 프랑스어(jeune d'Anvers)에서 유래했다. 16세기 중엽 당시 안트웨르펜 항구의 뱃사람들은 여행객 대상으로 각양각색의 신기한 물건을 팔았고 제니 하니버도 그중 하나였다. 사실 이는 뱃사람들이 죽은 가오리로 만든 것으로, 일본에서 제작된 가짜 인어나 갓파(일본 민속에서 흡혈귀같이 생긴 짓궂은 동물—옮긴이)의 영향을 받았다. 당시 영국 뱃사람들은 런던 동부 방언을 주로 사용했는데 이들은 '제니 한버스'(Jenny Hanvers)로 바꿔 불렀다. 그 뒤 여러 차례 변화 과정을 거치면서 오늘날에는 '제니 하니버'가 되었다.

콘라트 게스너는 자신의 저작 『동물지』에 제니 하니버 판화를 실었다. 그러면서 그는 소위 작은 용이나 괴물로 불리는 이 표본이 실제로는 가오리로 제작한 가짜라는 설명을 덧붙였다. 가짜 표본을 만드는 데 사용되는 가오리는 보통 가래상어과였다. 눈처럼 보이는 부분은 사실은 귀에 해당된다. 표본 제작자는 머리를 만들기 위해 본래 하나로 연결된 머리 지느러미와 가슴지느러미를 둘로 자른다. 그리고 가슴지느러미 끝쪽을 얇게 잘라 괴물의 앞다리를 완성한다.

제니 하니버는 용이나 악마, 천사 혹은 바실리스크(→90번 참조) 같은 전설 속 생물의 표본을 사칭하는 데 주로 사용되었다. 특히 바실리스크는 눈이 마주친 사람이 그 자리에서 죽는다는 전설 탓에 실제 모습을 본 사람이 아무도 없었다. 게다가 16세기 대중 사이에서 바실리스크에 대한 공포가 확산하자 뱃사람들은 말린 가오리를 비틀어 모양을 잡은 후 바실리스크 주검이라고 속이곤 했다.

신대륙 사람들은 조금 다른 시각으로 바라보았는데 멕시코 해안 도시 베라크루스의 주민들은 제니 하니버가 신비한 능력을 지니고 있다고 믿어 주술 의식에 자주 사용했다.

# 097

# 비숍 피쉬
Bishop Fish

프랑소아 데프레가 1562년 발간한 『다양한 옷
수집』(*Recueil de la diversité des habits*)에 나오는 비숍 피쉬

비숍 피쉬(Bishop fish)는 '바다의 주교'(sea bishop)라고도 불린다. 박물학자들 저작에는 대부분 시 멍크(→95번 참조)와 함께 출현한다. 머리 부분은 주교가 종교의식 때 쓰는 관과 비슷한 형태로 뾰족하게 솟아 있다. 기독교 초기에 주교관은 교황만이 착용할 수 있는 의식용 모자였으며 그 뾰족하게 솟은 부분은 오순절 성령의 불혀를 상징했다. 이후 교황의 권력이 세속의 왕을 넘어서면서 교황은 삼중관을 쓰기 시작했고 주교관은 주교들의 모자가 되었다. 이외에도 비숍 피쉬는 마치 몸에 주교의 숄을 두르고 가운을 걸친 듯한 모습을 하고 있다.

비숍 피쉬에 관한 전설이 출현한 시기는 16세기 들어서였다. 전해지는 바에 따르면 비숍 피쉬는 사로잡힌 뒤 폴란드 국왕에게 보내졌고 왕은 이 생물을 자기 수중에 두고자 했다. 이후 가톨릭 주교 두 명이 이를 보러 왔는데, 이 생물은 그들을 향해 기도하는 손 모양을 취하면서 자신을 풀어달라고 간청했다. 이에 주교들이 그 요구를 들어주자 떠나기 전 주교들을 향해 십자성호를 그리는 동작을 취한 뒤 망망대해로 사라졌다.

1531년 독일 근처 해역에서 비숍 피쉬 하나가 어부들에게 사로잡혔는데 아무것도 먹지 않다가 결국 3일 뒤 굶어죽었다.

이 밖에도 비숍 피쉬가 사람을 잡아먹는다는 이야기도 전해진다. 비숍 피쉬는 크게 화가 나면 기다란 팔을 뻗어 어부의 배를 낚아챈다. 또는 어부의 딸을 찾아내 자신의 거처로 끌고 와 만찬을 즐긴 뒤 그 유골은 어부에게 돌려주는데 이때는 바다 폭풍조차 숨을 죽인다.

그 종교적 특성과 전설의 형성 시기가 비슷하다 보니 비숍 피쉬는 시 멍크와 함께 출현하는 때가 많다. 단, 비숍 피쉬는 인간을 닮은 팔다리를 갖고 있고 지혜로우며 인간과 소통할 수 있으며 일정한 동작도 취할 수 있다고 여겨져 상상 속 인어의 모습과 훨씬 유사하다.

# 098

# 바다의 이상한 존재

Merwunder

울리세 알드로반디의 『괴물의 역사』에 나오는
바다의 이상한 존재

1523년 11월 3일 로마에 괴상한 수생물체가 나타났다. 사람과 같은 S자형 몸통에 대여섯 살쯤 되어 보이는 어린아이의 모습을 하고 있는데 배꼽 아래는 물고기 형상이었다. 그 귀는 사람 귀라기보다는 괴이한 짐승의 신체 기관처럼 보였다. 기록에는 남아 있지 않지만 사람의 다리가 있어야 할 부분에는 다리와 유사한 기관이 달렸는데 물갈퀴가 붙어 있었다고 한다. 처음에 이 생물은 '바다의 이상한 존재'(Merwunder, Sea-wonder)라고 불렸다.

1523년은 독일의 화가 루카스 크라나흐가 '교황 당나귀' 그림을 제작한 해이기도 하다. 이때는 루터파 교회가 로마 가톨릭교회를 비난하는 여론전을 본격적으로 펼치던 시기로, 그 수단 중 하나로 각종 괴물 출현에 관한 많은 이야기가 기괴한 이미지와 함께 인쇄되어 소식지로 발간되었다. 전해지는 바로는 같은 해 9월 23일에는 나폴리에 혜성이 출현하면서 그로 인해 폭우가 쏟아지고 지진이 발생했다. 로마에 출현한 어린아이 인어와 마찬가지로 이는 로마 가톨릭교회의 불경함을 향한 하늘의 경고로 해석되었다. 어린아이 인어는 먼저 독일 신문에 실린 후 콘라드 폰 게스너를 비롯한 많은 자연학자와 박물학자들의 저작에 수록되었다. 예컨대 1558년 『물고기책』(Fischbuch)에 게재되었는데 독일 신문에서는 여성의 상반신을 가진 인어의 모습으로 형상화되었다.

더불어 트리톤(→23번 참조)과 사이렌(→29번 참조)이 함께 수록되는 경우도 많은데 여기서 둘은 각각 남자 인어, 여자 인어를 대표한다. 이처럼 책에 나란히 등장하는 남녀 인어는 어린아이 인어와 똑같이 배꼽 위로는 사람이고 아래로는 물고기의 모습이며 발과 비숫한 신체 부위에 물갈퀴가 달려 있다. 고대 로마와 중세기를 거쳐 르네상스 시대에도 다리에 집게발이나 새의 발톱이 달린 인어 형상이 존재했다. 하지만 지느러미가 다리로 따로 나누어진 형상은 신문에 인쇄된 어린아이 인어 목판화가 처음이었다. 예컨대 1600년 목판화에 함께 등장하는 남녀 인어는 트리톤과 바다의 님프라 불렸는데, 그들의 모습은 후대에 등장하는 수많은 박물지 속 트리톤과 세이렌의 모습과 상당히 닮아 있지만 다리 모양의 지느러미는 달려 있지 않다.

# 099

# 아스피도켈론

Aspidochelone

1270년 떼루안느의 『동물 우화집』에 나오는
아스피도켈론

아스피도켈론(Aspidochelone)은 중국 고서에 나오는 큰 거북이나 배를 삼키는 큰 물고기 같은 괴물이다. 이 거대한 생물의 등에는 풀과 나무가 자라고 모래사장과 산봉우리가 있다 보니 사람들은 종종 섬으로 오해한다. '아스피도켈론'이라는 명칭은 그리스어에서 유래했으며 '뱀' 또는 '방패'라는 뜻의 '아스피스'(aspis)와 '거북이'를 의미하는 '켈론'(chelone)이 합쳐진 단어다. 이는 중국 신화에 나오는 북방의 수호신 현무를 생각나게 한다.

서기 2세기 그리스인이 편찬한 자연박물 서적인 『생리학』(Physio-logus)에서는 아스피도켈론을 거대한 고래로 기록했다. 물속에 숨어 등만 물 밖으로 내놓고 있는데 그 모습이 마치 해변처럼 보인다는 것이다. 그렇다 보니 이를 섬으로 오해한 선원들이 그곳에 말뚝을 박고 배를 정박시킨 뒤 식사 준비를 위해 불을 지폈다. 그러자 그 뜨거운 열기 때문에 고래가 물속으로 잠수하면서 등에 묶여 있던 배도 함께 바다 깊은 곳으로 끌려 들어갔고 선원들 역시 모두 물에 빠져 죽었다.

또 다른 전설에 따르면 아스피도켈론은 달콤한 향기로 물고기를 유혹해 통째로 삼켜버린다. 가톨릭에서는 아스피도켈론을 악마와 동일시했다. 교활한 계략으로 사람을 속여 자신에게 희망을 걸게 한 뒤 그를 배신해 지옥불로 끌려 들어가게 하기 때문이다. 거대한 바다 생물에 관한 전설은 많은 문화권에서 공통으로 찾아볼 수 있다. 아일랜드의 세인트 브랜든(Saint Brendan) 전설에서는 거대한 물고기가 에덴동산 성지로 향하던 브랜든의 작은 배를 부숴버린다. '제스코니어스'(Jasconius)라는 이름의 이 거대 물고기는 종종 섬으로 오인받았다. 성경 요나서를 보면 요나는 니네베로 가서 말씀을 전하라는 신의 명령을 거역하고 도망치기 시작한다. 그러 자 신은 큰 물고기를 보내 요나를 삼키게 하고, 요나는 물고기 뱃 속에서 삼일 밤낮을 고통 속에 지낸다. 이시도루스가 편찬한『어원』에는 이 물고기가 산처럼 크다고 적혀 있다.

그린란드의 이누이트족 전설에도 '이맵 우마사우러사'(Imap Umassoursa)라고 불리는 바다 괴물이 나오는데 거대한 몸집 때문에 선원들은 종종 섬으로 착각한다. 이 생물이 물속으로 잠수할 때 일으키는 엄청난 물결에 휩쓸려 선원들까지 바닷속으로 빨려 들어가기도 한다. 중동 전설에도 '자라탄'(Zaratan)이라는 거대 거북이 등장한다. 엄청나게 큰 몸집에 장수하는 것으로 유명한데 역시나 섬으로 오해받는 경우가 많으며, 보르헤스(Jorge Luis Borges)의『상 상 속 존재에 대한 책』(The book of imaginary beings)에 그 모습이 묘사되어 있다. 일본 에도 시대의 기담집『그림책 백 가지 이야기』(絵本百物語)에도 아카에이(赤えい)라는 거대한 바다 괴물에 대한 이야기가 소개된다. 일본 지바 현 남부에서 출항한 배가 거센 바람에 방향을 잃고 헤매던 중 섬을 하나 발견한다. 상륙해보니 초목이 무성하고 담수와 물고기까지 살고 있었다. 그런데 갑자기 섬이 바닷속으로 가라앉으면서 그 조류에 휩쓸려 선원들과 배까지 바다 깊숙이 딸려 들어간다. 칠레의 민간 전설에도 '쿠에로'(Cuero)라는 바다 괴물이 나오는데 쿠에로는 '가죽'이라는 의미다. 이 괴물은 가죽처럼 평평하게 생겼는데 그 모습으로 선원들을 유인하며 가까이 다가오는 모든 생물을 삼킨다.

# 시 서펜트
Sea Serpent

울리세 알드로반디의 『괴물의 역사』에 나오는
시 서펜트

바다에 거대한 뱀 모습을 한 괴물이 숨어 있을 거라는 상상은 인류 역사에서 끊이질 않았다. 히브리 신화에 나오는 라합과 레비아탄, 북유럽 신화의 요르문간드, 그리스 신화에 등장하는 시터스(Cetus)와 에키드나, 중국 신화의 용 등은 모두 바다에 사는 거대한 뱀 형태의 괴물이다.

바다뱀(Sea Serpent)에 관한 전설은 문화권마다 하나씩은 있다. 그중 가장 널리 알려지고 이후의 바다뱀 전설에 큰 영향을 끼친 것으로는 스칸디나비아반도의 민간 전설을 꼽을 수 있다. 전해지는 바에 따르면 1028년 노르웨이 왕 울라프 2세는 노르웨이 서쪽 지방 발달(Valldal)에서 바다뱀을 죽인 뒤 그 주검을 실테 산에 던져두었다. 지금도 이 지역에는 전설과 관련된 표지가 남아 있다.

1027년 울라프 2세는 스웨덴과 연합군을 결성하여 덴마크 공격에 나섰다. 당시 덴마크는 크누트 대왕이 집권하고 있었는데 그는 덴마크, 노르웨이, 잉글랜드, 스코틀랜드의 대부분 지역과 스웨덴 남부를 아우르는 대제국을 건설해 다스리고 있었다. 울라프 2세가 대단한 인물이긴 하나 그보다 훨씬 더 막강한 상대와 겨루게 된 것이다. 결국, 울라프 2세의 공격은 실패로 돌아가고 그는 러시아 노브고로트로 망명을 떠난다.

사실 덴마크를 상대로 전쟁을 벌인 지 1년 후 울라프 2세가 정말로 발달에서 바다뱀을 무찔렀는지는 확인하기가 쉽지 않다. 그 뒤 울라프 2세는 비록 전쟁에서 패하긴 했지만 여전히 노르웨이인들의 존경을 한 몸에 받으며 성 울라프로 시성되었고 노르웨이 수호성인의 자리에까지 올랐다. 아마도 그가 바다뱀을 물리쳤다는 전설은 영웅이 용을 물리치는 신화를 모방한 것이거나 그 변형일 가능성이 높다.

스웨덴의 신학자 마그누스는 자신이 만든 항해지도 『카르타 마리나』에 바다뱀의 형상을 그려넣었다. 또한, 그의 유명한 저작 『북방민족의 역사』(*Historia de gentibus septentrionalibus*)에도 바다뱀에 관한 전설이 등장한다. 노르웨이 해안을 따라 항해하면서 무역을 하거나 물고기를 잡는 사람들은 하나같이 길이가 무려 60미터가 넘고 굵기가 6미터에 이르는 거대한 뱀에 관해 이야기한다는 것이다. 이 바다뱀은 노르웨이 베르겐 절벽의 갈라진 틈이나 동굴 일대에 주로 출몰하며, 여름밤이면 동굴을 나와 사람들이 기르는 소나 양, 돼지를 훔쳐 먹는다. 또는 바다로 나가 해파리나 게 등을 잡아먹기도 한다. 목에는 기다란 수염 같은 것이 달려 있고, 몸통은 예리한 검은색 비늘로 덮여 있으며, 불타는 듯한 붉은 눈을 하고 있다. 이 괴물은 기둥이 땅에서 솟아오르듯 갑자기 물속에서 솟구쳐 나와 배를 공격하고는 물속에 빠진 선원들을 집어삼킨다.

노르웨이의 루터파 선교사 한스 에게드의 기록을 보면, 1734년 7월 6일 그가 탄 배가 그린란드 해안을 지나는데 배 위에 있던 사람들이 갑자기 술렁이기 시작했다. 해수면 위로 무시무시한 생물이 모습을 드러냈는데 지금껏 한 번도 보지 못한 생물이었던 것이다. 기다란 목 위로는 나뭇가지 위에 얹어진 까마귀 둥지처럼 생긴 머리를 들어 올리고 있었다. 작은 머리에 짧은 몸통은 온통 쭈글쭈글한 피부로 덮인 상태였는데 물속에서 거대한 지느러미가 이리저리 움직이고 있었다. 한참 후에야 선원들은 그 꼬리를 볼 수 있었는데 그 생물의 전체 크기가 배보다 길었기 때문이었다.

북유럽의 영향으로 영국에서도 바다뱀에 관한 전설이 다수 생겨났다. 근대 영국의 막강한 영향력이 세계 곳곳으로 퍼져 나가면서 바다에 사는 미지의 생물에 관한 이야기는 지금까지도 여러 곳에서 전해진다.

# 101

# 이푸피아라

Ipupiara

1565년 무렵 독일의 컬러 판화 인쇄물에 등장한
이푸피아라

이푸피아라(Ipupiara)는 브라질 전설에 나오는 바다괴물이다. 이푸피아라는 투피어(Tupian, 남아메리카 인디언 투피족이 사용하는 언어—옮긴이)로 '물속에 있는 사람'을 의미한다. 이 괴물에 관한 이야기는 그 지역 인디언의 전설은 물론이고 유럽의 박물지에도 기록되어 있다. 포르투갈 역사학자 페로 데 마갈량이스 간다보(Pêro de Magalhães Gândavo)의 기록에 따르면 1564년 브라질 상 비센테 섬의 해안가에서 이레케라는 인디안 처녀가 연인 안디라를 찾아 헤매던 중 괴물을 발견한다. 안디라는 이미 그 괴물에게 당한 것이 분명해 보였다. 공포에 사로잡혀 도망치던 이레케는 상 비센테의 최고 지휘관 발타사르 페레이와 마주친다. 그는 곧바로 검을 뽑아 들고 괴물과 맞서 싸워 승리를 거둔다. 독일 판화에도 이 영웅이 괴물을 물리친 이야기가 새겨져 있다.

이 괴물은 4.5미터 정도 되는 키에 온몸이 긴 털로 덮여 있고, 입술 주변에 비단처럼 매끈한 수염이 돋아 있다. 녹색 벨벳 같은 피부에 몸통은 타원형인데, 가슴에는 유방이 있고 배에는 음경이 달려 있으며, 인간의 팔과 비슷한 신체 부위와 조류의 발이 있어서 똑바로 설 수 있다.

페레이가 죽인 괴물이 바다사자일 거라고 주장하는 이들도 있다. 바다사자가 흔하긴 하지만 상 비센테 섬 일대에는 거의 나타나지 않는다.

예수회 소속 페르나오 카림의 기록은 조금 다르다. 그의 설명에 따르면 이 생물은 키가 크고 매우 혐오스럽게 생겼다. 사람을 보면 꽉 껴안고 입을 맞추어 질식사시킨다. 그런 다음 눈과 코, 발가락,

손가락, 생식기를 먹는다. 이 생물은 여성형도 있는데 긴 머리를 가지고 있으며 아름답게 생겼다.

독일 탐험가 장 드 레이 역시 이푸피아라에 관한 기록을 남겼는데 어떤 사람이 카누를 타고 바다에서 낚시를 하고 있었다. 그런데 느닷없이 물속에서 짐승의 발 같은 것이 튀어나오더니 뱃전을 움켜잡고 배에 오르려는 듯했다. 그는 그 즉시 칼을 꺼내 그 발을 베어버렸고 잘린 발이 배 안으로 굴러떨어졌다. 자세히 살펴보니 그 발은 사람의 손처럼 생겼으며 손가락도 다섯 개 달려 있었다. 손이 떨어져 나간 생물은 고통스러운 듯 물 밖으로 얼굴을 내밀고는 작게 신음을 냈는데 머리도 사람의 것과 비슷했다.

# 102

# 사마시안 바다 달팽이

Sarmatian Sea Snail

앙브루아즈 파레의 『괴물과 불가사의』에 나오
는 사마시안 바다 달팽이

사마시안 해는 발트 해의 옛 명칭으로 동게르만 해라고도 부른다. 16세기 프랑스인 의사 앙드레 테베(Andre de Thevet)는 자신의 저서 『우주 구조학』(Cosmography)에 이런 기록을 남겼다. "사마시안 해에는 포도주 통만 한 거대 달팽이가 살고 있다. 머리에는 사슴뿔처럼 생긴 신체 조직이 돋아 있으며, 광택이 나는 작고 둥근 구슬 같은 게 뿔의 끝마다 달렸는데 마치 품질 좋은 진주처럼 보인다. 다른 연체동물과 다른 점은 눈이 머리의 양 측면에 붙어 있고 촛불처럼 빛난다는 점이다. 고양이를 닮은 둥근 코 주변에는 수염 같은 흰색 털이 나 있고, 코 아래에는 갈라진 틈처럼 생긴 거대한 입이 있다. 그리고 입 밑으로는 끔찍하게 생긴 군살이 늘어져 있다. 목은 굵직하며 기다란 꼬리는 여러 빛깔이 나는데 호랑이 같은 얼룩무늬가 있다. 또 하나 연체동물과의 차이라면 위족이 아니라 갈고리 모양의 발이 있다는 점이다. 이 생물과 달팽이의 유일한 공통점은 등에 지고 있는 거대하고 딱딱한 소용돌이 모양의 두꺼운 껍질뿐이다."

비범한 겉모습과는 달리 사마시안 바다 달팽이(Sarmatian Sea Snail)는 매우 소심하고 얌전하며 먼 바다에서 서식한다. 양서류에 속하며 해안가나 바닷속 식물을 주로 먹고 사는데, 썰물이 되면 조용히 해안가로 올라와 풀을 먹는다.

달팽이 고기는 식용이 가능한데 굉장히 부드럽고 맛이 좋다. 간과 폐 관련 질병 예방에도 도움이 되며, 그 피는 약으로 쓰이고 한센병을 치료할 수 있다.

이 달팽이의 원형에 대해서는 의견이 분분하다. 이름을 알 수 없는 양서 복족류 동물이라고도 하고, 갯민숭달팽이과 동물이라는 주장도 있다. 중세기 이전 사람들은 거북의 껍데기와 달팽이 껍데기를 자주 혼동했다고 한다. 1485년 발간된 독일 최초의 자연사 백과사전 『호르투스 사니타티스』(*Hortus Sanitatis*)에 수록된 목판화에도 바다거북이 두 발을 가진 달팽이로 그려져 있으며 바다표범의 눈과 수염을 달고 있다. 따라서 사마시안의 바다 달팽이 역시 전설이 후대로 전해지는 과정에서 여러 동물의 특징이 더해져 탄생한 괴물일 수 있다.

# 103

# 아프리카 괴물

Monster of Africa

16세기 독일 판화 인쇄물에 등장한
아프리카 괴물

16세기 독일의 한 판화 인쇄물에는 프랑스 프로방스 지방의 앙티브와 니스 사이에 위치한 지중해 해변에서 바다 괴물이 출현했다는 내용이 등장한다. 이 괴물은 바닷속에서 올라와 사람을 사냥하는데 너무 강해서 도저히 당해낼 수 없다고 했다.

앙브루아즈 파레의 『괴물과 불가사의』에 따르면, 이 괴물은 등 부분에 노란색 십자가가 그려져 있고, 다리가 많으며, 긴 꼬리 끝에 털 뭉치가 달려 있다. 삽화 속 괴물의 모습은 온몸이 비늘로 덮여 있으며, 다리가 12개이고, 다리마다 날카로운 발톱이 4개씩 붙어 있다. 몸통 양옆과 뒤쪽에도 눈과 귀가 각각 하나씩 달려 있다.

파레는 이 괴물에 관한 기록을 존 레오의 『아프리카 역사』(African history)에서 인용했다고 밝혔다. 그에 따르면 이 괴상한 생물은 둥근 몸통에 거북과 비슷하게 생겼는데, 등 위로 두 개의 선이 서로 교차하면서 십자가 모양을 그리고 있고, 그 선의 끝 부분마다 눈과 귀가 한 개씩 달려 있다. 눈과 귀가 이렇게 네 개씩이다 보니 사면을 두루 볼 수 있고 주변 소리를 모두 들을 수 있다. 단, 입과 배는 한 개뿐이다. 몸을 둘러싸고 눈이 사방 군데 달려 있기 때문에 몸을 돌리지 않고도 원하는 방향으로 전진할 수 있다. 그 지역 주민들은 이 생물의 피가 상처 치료에 탁월한 효과가 있다고 믿었다. 현대에 와서는 문어과 생물이 잘못 전해진 것으로 보기도 한다.

# 104

# 오툉의 이상한 달걀

1569년 독일 판화 인쇄물 속에 나타난
오툉의 이상한 달걀

프랑스 샤를 9세 시기, 오퇭에 사는 한 하녀가 케이크를 만들기 위해 계란을 깼는데 그 안에서 이상한 형상이 발견되었다. 한 남자의 머리가 계란 속에 들어 있었는데 머리카락과 수염이 전부 뱀의 머리로 이루어졌고 해파리처럼 생겼다. 이 이상한 형상은 그 지역 남작에게 전달된 후 다시 샤를 9세에게 바쳐졌다. 그 뒷 이야기는 전해지지 않는다.

샤를 9세가 집권하던 16세기는 프랑스에서 종교개혁이 일어나던 시기였다. 샤를 9세는 가톨릭교회 옹호파로서 한때 프랑스 개신교 교파인 위그노를 반대했다. 개신교에서는 이같이 인간과 짐승이 합쳐진 이상한 형상의 출현을 하늘이 벌을 내릴 징조라고 대대적으로 선전하면서 가톨릭교회를 압박하는 수단으로 사용했다. 이상한 형상들이 널리 퍼져 나간 원인을 짐작할 수 있는 대목이다. 그중에서 박물학자들의 저작에 수록된 이미지들은 1569년경 제작된 독일 신문이나 잡지에서 가져온 것이 대부분이었다. 당시 독일 루터파 교회는 각종 유언비어를 이용해 가톨릭교회를 비난하는 여론전을 전개하는 데 온 힘을 쏟고 있었다. 그로부터 1년 뒤인 1570년 위그노 세력이 점점 막강해지자 샤를 9세는 그들과 잠시 손을 잡는다. 하지만 샤를 9세 어머니인 카트린 드 메디시스의 통제 아래 결국 1572년 성 바르톨로메오 축일의 학살사건이 벌어진다. 현대 학자들은 이 같은 괴이한 형상이 사실은 달걀 속 배아에 혈관이 생긴 모습을 보고 사람들이 오해했거나 와전되었을 가능성이 높다고 본다.

# 105

# 교황 당나귀

Papal Ass

울리세 알드로반디의 『괴물의 역사』에 나오는
교황 당나귀

16세기 마르틴 루터를 비롯한 그의 종교개혁 지지자들과 로마 가톨릭교회 사이에 치열한 여론전이 벌어진다. 루터파는 화가들의 지원을 받아 로마 가톨릭교회와 교황, 수도사들의 잘못을 풍자하는 소책자를 상당수 발간하고 특히 교황을 연관시켜 적그리스도의 형상도 여럿 제작했는데, 마르틴 루터는 이처럼 여론전의 선구자였다. 루터를 도운 화가 중에 루카스 크라나흐라는 인물이 있었는데 그는 종교개혁의 지지자인 동시에 기록자로서, 지금까지 전해지는 마르틴 루터의 초상화를 그린 사람이었다.

1523년 루카스 크라나흐가 교황 당나귀(Papal Ass)를 제작하긴 했지만 그가 창시자는 아니다. 1496년에서 1500년경 벤첼 폰 올뮈츠(Wenzel von Olmutz)는 당나귀 형상을 탄생시켰는데, 당시 그는 이 그림을 '로마 세계의 머리'(Roma Caput Mundi)라 이름 지었다. 그림 속 괴물은 당나귀 머리에 용의 비늘로 덮여 있으며, 여성의 몸을 하고 있고, 한 손은 사람 손인데 나머지 한 손은 코끼리 발이다. 다리 역시 하나는 말의 다리고 나머지 하나는 새의 발이다. 허리 뒤쪽에는 사람 얼굴이 붙어 있으며, 꼬리에는 용 머리가 달려 있다. 테베레 강가에 서 있는 모습으로 그려졌는데 1496년 이곳에서 홍수가 일어난 뒤 출현했다고 한다. 사실 올뮈츠가 창작한 이 그림은 테베레 강에 출현했다는 괴물의 전설을 기록한 것일 뿐 그 어떤 종교적, 정치적 의미도 없었다.

하지만 마르틴 루터는 이 그림 속 괴물이 하나님이 보낸 경고의 메시지이며 교황이 하늘의 분노를 샀기 때문에 앞으로도 더 많은 징조가 출현할 것이라고 주장했다. 마르틴 루터의 친구였던 멜란히톤은 여기에 상세한 설명을 덧붙였는데, 괴물의 허리 뒤쪽에 달린 얼굴을 교황의 권위가 쇠퇴하고 땅에 떨어진다는 표지로 해석했다. 이후 이 형상은 수없이 인쇄되었고, 주로 교회의 권위를 조롱하고 풍자하는 데 사용된다.

여기에서 당나귀 머리는 어리석은 지도자를 의미하고, 하나는 사람 손인데 다른 하나는 코끼리 발인 것은 교회가 일반 대중에게 선행을 베푸는 동시에 약자를 억압하고 짓밟는다는 뜻으로 풀었다. 말 다리는 교회가 악독한 통치자들의 굳건한 지지를 받는다는 의미이며, 새 발은 권력자와 평민 사이에 극심한 대립이 있음을 상징한다. 로마 가톨릭교회는 라틴어로 쓰인 난해한 신학 논문을 여론전에 동원했는데, 반면에 루터파의 풍자화는 누구나 이해할 수 있을 만큼 쉽고 간결했다. 게다가 루터파는 당시 막 탄생한 활자 인쇄술을 적극 활용하여 가톨릭교회 출판물의 다섯 배에 달하는 물량으로 소책자를 제작해냈고 여론전에서 더 큰 성공을 거둔다.

# 수도사 송아지
Monk Calf

울리세 알드로반디의 『괴물의 역사』에 나오는
수도사 송아지

수도사 송아지(Monk Calf)는 교황 당나귀와 함께 루터교의 선전용 소책자에 등장한다. 루터교가 로마 가톨릭교회를 공격하는 데 사용했던 형상 중 하나로 독일 종교개혁 시기에 광범위하게 유행했다. 이 괴물은 1522년 12월 8일 독일 작센의 프라이부르크에서 탄생했다고 기록되어 있다. 또는 이 괴물은 소가 낳은 기형 송아지에 불과하다는 견해도 있다.

과거 마르틴 루터는 창세기 30장을 주해하면서 여성이 임신했을 때 깜짝 놀라거나 외부에서 자극을 받으면 기형아를 낳을 수 있다고 했다. 예컨대 임신한 여성이 시체를 보면 시체처럼 생긴 아이를 낳을 수 있다. 또 갑자기 놀랐을 때 몸의 어떤 부위를 손으로 만지면, 태아 몸의 동일한 부위에서 피가 날 수 있다는 것이다.

수도사 송아지는 선천적으로 눈이 보이지 않는다. 그 뒷다리는 괴상하게 생겼는데 마치 사람처럼 서는 것 같다. 머리 아랫부분에 둘러진 피부는 수도사의 망토에 달린 모자 같은 모양새를 하고 있다. 마르틴 루터에 따르면 이 형상을 본 프라하의 어떤 천문학자는 이 괴물이 세상에서 가장 두렵고 끔찍한 일을 의미하며 이 괴물의 모습을 해석해 소책자로 제작했다.

멜란히톤은 좀 더 자세히 설명했는데 이 괴물이 수도 생활의 죄악을 상징한다고 해석했다. 괴물의 보이지 않는 눈은 도덕적인 맹목성을 의미하고, 큰 귀는 참회성사의 사악함을 나타내며, 뻣뻣한 목은 경직된 금욕관을 상징한다는 것이다. 교황 당나귀와 마찬가지로 이 괴물 역시 하나님이 보내는 경고의 메시지라 할 수 있다. 교황 당나귀의 출현이 교황의 추락에 대한 예언이라면, 수도사 송아지의 등장은 수도사의 파멸을 예언한다. 루터파 교회는 이 같은 예언적인 짐승은 신도 수도사를 적대시한다는 의미이기 때문에, 교황 신봉자들은 반드시 이를 거울삼아 하늘이 자신을 어떻게 보는지 직시해야 한다고 주장했다.

　괴물 수도사 송아지에 관한 전설은 『아리스토텔레스의 걸작』 (*Aristotle's Masterpiece*)과 같은 종류의 영국 빅토리아시대 산파 지침서에도 실린 바 있다. 다만 그 귀가 얼굴에 달려 있다면 눈은 가슴이나 허벅지에 달린 모습 등으로 변형되어 묘사되었다.

# 107

# 헤어리 차일드

Hairy Child

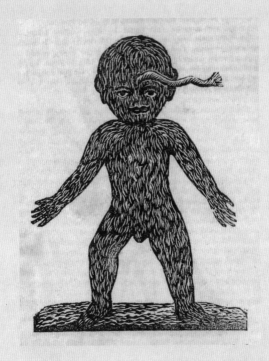

1881년 뉴잉글랜드에서 출간된 『아리스토텔레스의 걸작』에 나오는 헤어리 차일드

헤어리 차일드(Hairy Child)는 아리스토텔레스라는 이름이 붙은 산파 지침서에 등장한다. 모두 동일하게 1597년 프랑스에서 탄생했다고 기록되어 있으며, 프로방스 아를 지역이라는 구체적 지명까지 명시한 책자도 있다. 기록에 따르면 이 생물은 남자 아기인데 온몸이 야수처럼 털로 덮여 있다. 본래 코가 있어야 할 자리에 배꼽이 있고, 입이 있어야 할 자리에는 눈이 있으며, 입은 턱 쪽에 달려 있다. 일부 판본에서는 작가 자신이 아를 지역에 살면서 실제로 헤어리 차일드를 목격했다고 주장하기도 한다.

소책자에 등장하는 헤어리 차일드는 두 형태로 나뉜다. 눈은 본래 위치에 있는데 그 주변을 입이 둘러싸고 있고, 코가 있어야 할 자리에는 흐릿하게 배꼽이 그려져 있는 게 한 부류다. 다른 하나는 눈이 배꼽 아래에 그려져 있는데 그 위치가 입보다 위다. 결국, 배꼽이라고는 하지만 제3의 눈처럼 보인다. 간혹 얼굴에 있는 배꼽에 탯줄이 달린 모습도 보인다.

헤어리 차일드는 태어나서 불과 며칠밖에 못 사는데, 이를 목격한 사람마다 공포에 질리게 만든다. 사람들은 그를 불길한 징조로 여기면서 하늘의 분노가 곧 이 나라에 임하여 황량함과 혼란이 가득하리라는 예언으로 해석했다. 사람들은 산 짐승처럼 서로 물어뜯을 것이며, 누구나 자기 이웃을 죽이려 들고, 산 채로 찔림당하고, 화형대에서 천천히 불에 타죽게 된다고 했다.

# 108

# 크라쿠프의 괴물

Monster of Cracow

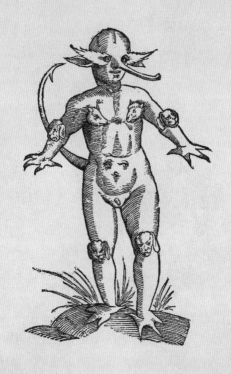

울리세 알드로반디의 『괴물의 역사』에 나오는
크라쿠프의 괴물

피에르 보에스튀오(Pierre Boaistua)의 기록에 따르면 크라쿠프의 괴물(Monster of Cracow)은 1543년 혹은 1547년 폴란드의 크라쿠프에서 탄생했다, 전설에 따르면 이 괴물은 사도바울이 기독교로 회심한 날짜에 태어났다고 한다. 눈에서는 불꽃이 튀고, 코는 쇠뿔처럼 생겼으며, 몸통은 코끼리를 닮았다. 등 뒤쪽으로는 긴 털이 나 있으며, 유두 부분에는 원숭이 머리가 달려 있고 배꼽에는 고양이 눈이 붙어 있으며, 양쪽 팔꿈치와 무릎에는 개의 머리가 달려 있다. 그의 탄생은 일종의 실수이며 악마의 자식으로 여겨진다. 결함투성이인 부패한 씨앗은 극도로 흥분하고 완고하기 그지없는 여성의 몸에 들어선다.

그 몸에 달린 동물의 얼굴은 중세기 필사본에 등장하는 악마들에게서 볼 수 있는 전형적인 표지다. 타오르는 눈의 불꽃은 알브레히트 뒤러의 1566년 작품 〈정의의 태양〉(Sol Justitiae)에 나오는 인물의 불꽃 눈과 상당히 닮아 있다. 전해지는 바에 따르면 이 괴물은 출생 후 4시간 후에 죽는데 죽기 전에 "조심하라, 주께서 곧 오신다"라는 예언을 남긴다고 한다.

많은 기록에서 이 괴물 탄생에 관한 소문의 진원지로 독일 뮌스터를 지목한다. 뮌스터는 독일 종교개혁 시기에 역사적으로 유명한 뮌스터 반란 사건이 발생했으면서 로마 가톨릭교회에 반대하는 세력의 본거지와도 같은 곳이었다. 그렇기에 가톨릭교회를 비판하는 예언에서 언급한 괴물이 뮌스터와 관련되어 있다는 건 어찌 보면 자연스러웠다.

이 시기는 마르틴 루터가 괴물 예언을 꾸며낸 후로 무려 20년이나 지난 때였다. 하지만 괴물의 출현은 여전히 루터파의 관심을 끌었다. 마르틴 루터의 추종자이자 의사였던 자코브 루에프(Jacob Rueff)의 저작은 후대에 등장한 『아리스토텔레스의 걸작』이라는 산파 지침서에 영향을 끼친다. 그는 자신의 저작 『임신과 생식』(De conceptu et generatione hominis)에서 이 괴물을 신이 창조했다는 소문이 있지만 사실 이는 남성들 간의 동성애로 탄생했으며 오히려 인간이 자초한 화라고 설명했다.

# 라벤나의 괴물

Monster of Ravenna

울리세 알드로반디의 『괴물의 역사』에 나오는
라벤나의 괴물과 관련한 두 형상

'몬스터'(monster)라는 단어는 라틴어 '몬스트럼'(monstrum)에서 유래했다. 본래 의미는 '정상 범위를 벗어나는 것', '무서운 것', '자연의 질서에 혼란을 초래하는 것'이며, '(길흉의) 전조' 또는 '신탁' 등의 파생된 의미로도 사용되었다. 14세기 후기에 와서는 '이상한, 가상의, 전설 속 생물'을 가리키는 대명사로 쓰이기 시작했다.

라벤나의 괴물(Monster of Ravenna)을 언급할 때마다 빠지지 않고 인용되는 문헌은 작가 세바스티아노 디 브랑카 테달리니(Sebastiano di Branca Tedallini)의 기록이다. 87개의 단어로 이루어진 이 기록은 당시 사람들에게는 마치 신적인 복음과 직결되는 신비한 계시나 역사의 문을 여는 핵심 열쇠라도 되는 것처럼 중요하게 생각되었다. 하지만 사실 테달리니는 전달자에 불과했으며, 라벤나의 괴물에 관한 전설이 전파되는 과정에서 일정한 역할을 담당했을 뿐이다. 그는 이 기록이 신빙성을 갖추고 심오한 의미를 지닌 것처럼 또는 있는 그대로 믿어지도록 만들고자, 교황 율리오 2세가 이것을 증명할 것이라고 언급했다. 하지만 어쩌면 율리오 2세는 이 전설을 들어본 적도 없었을지 모른다.

괴물의 이름과 탄생지는 라벤나가 확실하며, 라벤나 전투와 관련되어 있다고 본다. 신교 교파가 괴물과 교황의 추한 모습을 연결지어 여론전을 전개하던 1512년, 유럽 중세기 역사상 가장 참혹했던 전투 중 하나인 라벤나 전투가 발발했다. 당시 이탈리아에서는 스페인과 프랑스 등이 부당한 이권을 행사했고, 교황 율리오 2세는 이탈리아를 통일하려던 참이었다. 1511년 교황은 이탈리아에서 프랑스 세력을 몰아내기 위해 베네치아와 스페인, 영국, 스위스와 신성동맹을 체결했다. 이에 프랑스 국왕 루이 12세는 먼저 기선을 제압하기 위해 조카인 가스통 드 푸아(Gaston de Foix)를 이탈리아에 주둔한 프랑스 군대의 지휘관으로 삼아 전쟁에 나섰다. 가스통은 모든 전투에서 승승장구하면서 라벤나까지 진격해 갔고 로마는 위기 상황에 직면한다. 율리오 2세는 강한 프랑스 병력과 맞서고자 스페인, 교황령, 이탈리아 용병 1만6천 명을 라벤나로 집결시켰다.

1512년 4월 11일 부활절 날, 드디어 전투가 시작되었다. 양쪽 군대를 통틀어 500대 이상의 대포가 동원되었고, 무려 8시간이 넘는 피비린내 나는 전투가 벌어졌으며, 전사자 수도 1만3천 명을 넘어섰다. 결국, 프랑스군이 승리를 거두었지만 지휘관인 가스통은 전쟁 도중 전사하고 말았다. 당시 사람들은 이 전쟁의 처참한 결과와 관련된 불길한 전조를 찾으려 했고, 프랑스 역시 자신이 일으킨 전쟁의 정당성을 입증하는 구실이 필요했다. 때마침 그 지역에서 탄생한 라벤나의 괴물은 이런 시대적 필요성에 따라 신의 분노와 경고의 상징물로 여겨졌다. 루이 12세는 프랑스가 이탈리아에서 일으킨 전쟁이 하늘을 대신해 정의를 구현한 것이라고 주장하면서, 전쟁의 모든 책임을 교황 율리오 2세의 권력욕과 호전적인 성격 탓으로 돌리고, 교황이 이탈리아 도시 국가들 사이에서 분열을 조장했다고 비난의 목소리를 높였다.

그 후로 라벤나 괴물 전설은 마치 역병처럼 유럽 전역으로 빠르게 퍼져 나갔고 새로운 판본까지 등장했다. 이 괴물은 1506년 혹은 1512년 2월 27일 피렌체의 교황과 수녀 사이에서 태어났다는 설이 있는가 하면, 1512년 3월 12일 볼로냐에서 탄생했다는 설도 나왔다. 이는 신교 교파인 루터파 교회의 영향력이 작용한 결과였다. 루터파 교회는 신도들과 여론의 더 많은 지지와 정당성을 확보하려고 로마 가톨릭교회를 공격하는 소책자를 대량 제작하여 자신에게 유리한 쪽으로 여론을 조성해나갔다. 소책자에는 가톨릭교회의 부정부패와 이단 심판 과정에서 사용한 가혹한 형벌을 고발하는 내용 외에도 그들이 수집하거나 만들어낸 기괴하고 황당무계한 생물에 관한 이야기가 함께 실려 있었다. 교황 당나귀(→105번 참조)와 수도사 송아지(→106번 참조)가 대표적이다. 이 두 괴물에 관한 전설은 상당히 유사한 형식으로 전개되었는데, 어떤 곳에서 괴물이 탄생했으며 이는 로마 가톨릭교회의 부도덕과 부정의를 드러낸다는 식이었다. 라벤나의 괴물 전설도 비슷한 형식이었는데 이들보다 한층 더 충격적이고 선동적인 형상으로 그려졌다.

테달리니의 기록을 보면, 라벤나 괴물의 친모는 모니카(Monica)인데 친부는 교황이 아니라 수도사라고 나온다. 여기서 '모니카'는 평범한 이름일 뿐 특별히 다른 의미는 없다. 그런데 '모니카'라는 인물의 신분이 불분명하다 보니, 후대 판본에서는 피렌체 판본을 참고해서 수녀로 신분이 바뀌었고 모니카라는 이름도 사라졌다. 당시 사람들은 순결을 지키는 독신자가 결혼한 사람보다 신성하며, 결혼을 하지 않아야 신을 더 잘 섬길 수 있다고 생각했다. 따라서 수도사나 수녀가 되기 위해서는 가난, 정결, 순명의 세 가지 복음적 권고를 지키기로 서원해야 했다. 그런데 수도사와 수녀의 행동거지가 표리부동하고, 타락했고, 위선적이라면 서원을 어긴 죄로 그 자손이 기형으로 태어난다는 것이었다. 초기 라벤나의 괴물 전설에는 괴물 탄생 후 행방에 대한 구체적인 언급이 없다. 동시에 가톨릭교회가 비슷한 사건에 대해 항상 쉬쉬하는 태도를 취하다 보니, 후기 판본에서는 라벤나 괴물에 관한 소문이 교황 율리오 2세에게 보고되었는데 교황이 그를 굶겨 죽이라고 명령했다고도 하고 또는 그 괴물을 불쌍히 여겨 구해주었다고도 전해진다.

당시 박물학은 자연과학과 미신이 점차 분리되던 시기로 진입하는 중이었다. 그렇다 보니 기형 생물, 특히 기형으로 태어나는 아기에 대한 해석에도 종교적 관념과 초기 자연과학이 한데 뒤섞여 있었다. 흔히 볼 수 있는 쌍둥이나 손발이 더 달린 '과학적이고 합리적인' 기형과 비교할 때, 라벤나의 괴물에게는 확실히 중세기의 종교적 색채가 한층 더 짙게 드리워져 있었다. 교황 당나귀나 수도사 송아지와 달리 사람이 직접 낳았다는 소문은 라벤나의 괴물에 관한 공포심을 한층 더 키웠고 그 공포는 오래도록 지속하면서 변형되고 구체적인 형태를 갖추어갔다.

테달리니의 기록에 따르면, 라벤나의 괴물은 머리가 크고, 이마에는 뿔이 하나 달려 있으며 커다란 입이 있다. 앞가슴에는 'YXV'라는 알파벳 세 개가 새겨져 있으며, 가슴 중앙에는 세 가닥의 긴 털이 나 있다. 두 다리 중 하나는 털투성이에 악마의 발이 달려 있고, 또 다른 하나는 중간에 사람 눈이 붙어 있다.

피렌체의 약사였던 루카 란두치 또한 라벤나 괴물 전설의 주요한 전파자였다. 그는 자신이 이상한 그림을 한 장 보았다고 전했다. 괴물이 그려진 그림이었는데 머리에 뿔이 하나 솟아 있고, 손이 있어야 할 부위에는 박쥐 날개가 달려 있으며, 가슴에는 어떤 기호가 적혀 있었다. 하반신은 뱀 무늬로 뒤덮여 있는데 남자와 여자의 생식기관을 동시에 가지고 있었다. 한쪽 무릎에는 사람 눈이 있고, 다른 한쪽은 독수리 발이었다.

이 괴물에 대한 전설은 스페인에도 전해졌으며, 안드레 베르난데즈는 이렇게 기록했다. "이 괴물은 사자 머리에 몸에는 초승달 모양의 표지가 있으며 박쥐 날개를 하고 있다. 개의 생식기가 달려 있고 왼쪽은 두꺼비 다리인데 뱀의 비늘로 덮여 있다."

프랑스에는 프랑수아 이노이의 기록이 남아 있다. "벗겨진 머리에는 뿔이 돋아 있으며, 귀는 불꽃 혹은 날개 모양이고, 입은 큼직하며, 손이 없는 대신 한 쌍의 날개가 있다. 오른쪽은 남성 가슴인 반면 왼쪽은 여성 가슴으로 유방이 있다. 몸의 왼편에는 그리스 십자가 두 개가 그려져 있고, 가슴 아래쪽에는 뾰족한 불꽃 한 쌍이 아래를 향하고 있다. 성별은 불분명하며 오른쪽은 사람 다리이고 왼쪽 다리는 비늘로 덮여 있다."

독일에도 이 전설이 퍼져 나갔는데, 작가 미상의 판목에 이런 글이 새겨져 있었다. "이 어린아이는 박쥐 날개 같은 손을 가지고 있으며, 머리에는 뿔이 하나 솟아 있다. 심장이 있는 부위에는 'IXV'라는 세 글자가 쓰여 있는데 V 아래쪽에는 초승달이 그려져 있고, 가슴 아래 부분에는 불꽃 한 쌍이 뾰족한 끝을 아래쪽으로 향하고 있다. 다리 하나는 사람 다리로 무릎에 사람 눈이 달려 있고, 나머지 다리에는 물고기처럼 물갈퀴가 달린 발가락이 세 개 붙어 있다. 여자인지 남자인지 전혀 분간할 수 없다."

이후 라벤나의 괴물은 요하네스 멀티볼리스에 의해 그 모습에 중요한 변화가 일어난다. 이전 기록까지는 줄곧 다리가 두 개였는데 이때부터는 새의 발에 새의 발톱이 달린 외다리로 그려지기 시작한다. 나머지 특징인 머리에 달린 뿔과 양 날개, 무릎에 붙은 눈 및 자웅동체인 특징은 모두 그대로 남으며, 몸에 그려진 기호만 Y와 십자가로 바뀐다. 멀티볼리스가 만든 새로운 라벤나의 괴물 형상은 큰 영향력을 발휘하면서 지롤라모 로시를 비롯한 많은 화가와 박물학자가 그의 외다리 형상을 사용하기 시작했다. 심지어 17세기에서 19세기까지 영국에서 크게 인기를 끌었던 의학 지침서 『아리스토텔레스의 걸작』에도 출현하는데 대표적 특징인 뿔이 사라진 모습으로 묘사된다. 이는 사실상 라벤나 괴물 전설의 마지막 전파라 할 수 있다.

이후 사람들은 라벤나 괴물의 기원을 과학적으로 설명하고자 했는데, 과거의 문서 기록을 병리학적으로 해석해 아마도 로버트 증후군(Roberts syndrome)을 가진 태아가 태어난 것이 아닐까 추측했다. 하지만 이는 괴물 전설의 본질을 간과한 해석이라 할 수 있다. 괴물은 특정한 의미를 드러내기 위한 하나의 표상일 뿐, 정작 중요한 점은 전조와 신탁, 분노한 신이 내린 재앙이라는 내적 의미가 강하기 때문이다. 그의 형상에 대한 묘사는 단순한 객관적 기록이 아니라 종교적 의미를 비유적으로 나타낸 것이라 할 수 있다.

라벤나 괴물 몸의 각 부분에 관해서는 다양한 해석이 존재한다. 라벤나 전투가 발발한 후 프랑스에서는 이런 해석이 주를 이루었다. 뿔은 허영심, 교만, 야심을 상징하고, 날개는 굳건한 의지가 부족함을 나타내며, 팔이 없다는 건 선행이 부족하다는 뜻이고, 새의 발은 탐욕을 의미한다. 무릎에 달린 사람 눈은 과도한 애정을 드러내며, 자웅동체의 특징은 소돔의 죄악과 남색을 나타낸다. 멀티볼리스는 라벤나의 괴물을 외다리로 묘사했는데 이것 역시 우연이 아니다. 그가 7대 죄악을 나타내는 그림을 바탕으로 라벤나의 괴물 형상을 만들어냈기 때문이다.

시간을 거슬러 올라가 1414년 혹은 1415년, 뮌헨 베네딕트회 수도원의 아봇 페트루스(Abbot Petrus)는 『비블리아 파우페룸』(*Biblia Pauperum*) 즉, 풀이하면 『가난한 자의 성서』라는 책을 막 완성했다. 이 책에는 여성이 괴물로 등장하는 삽화가 하나 실려 있었는데, 등에는 박쥐의 날개를 달고, 외다리로 서 있으며, 새의 발과 발톱을 가졌는데 마침 또 다른 용머리에게 다리를 물리는 모습이었다. 이 삽화는 7대 죄악을 집약해 우의적으로 표현한 그림으로, 몸의 각 부분은 죄악 하나씩과 대응된다.

15세기 말 이 도안은 외다리에 새 발을 하고 지구 위에 서 있는 모습으로 바뀌었다. 여기에서 공작 깃털이 달린 모자는 교만을 의미하고, 손에 들고 있는 성배는 식탐, 오른쪽 팔의 당나귀는 나태, 왼쪽 팔의 늑대는 분노, 박쥐 날개는 시기, 목은 색욕, 새 발톱은 탐욕을 상징했다. 외다리로 서 있는 라벤나 괴물의 모습은 이 그림과 상당히 닮았다.

물론 라벤나 괴물과 관련한 미스터리는 이것만이 아니다. 가슴에 새겨진 부호 역시 많은 궁금증을 유발했다. 일반적으로는 'YXV'라고 새겨져 있는데 간혹 'IXV'나 'Y'와 십자가 부호도 눈에 띈다. 이들은 모두 동일하게 예수를 의미한다. 먼저, 십자가는 삼위일체에서 두 번째 위격인 성자의 부호다. 'YXV'와 'IXV'는 '물고기'를 뜻하는 그리스어 '익투스'(ἰχθύς)를 가리키는데 '익투스'를 잘 살펴보면 'YXV'든 아니면 'IXV'이든 모두 'ἰχθύς'의 약자이기 때문이다. '익투스'(ἰχθύς)는 ΙΗΣΟΥΣ(예수), ΧΡΙΣΤΟΣ(그리스도), ΘΕΟΥ(신의), ΥΙΟΣ(아들), ΣΩΤΗΡ(구세주)라는 다섯 단어의 첫 글자로 이루어진 말이다. 이 단어는 초기 기독교인들 사이에서 로마 제국의 박해를 피하기 위해 사용하던 일종의 암호였다.

역사적으로 괴물 탄생 전설은 항상 인류와 함께해왔다. 라벤나의 괴물은 중세기 종교관이 르네상스와 종교개혁이라는 큰 물결에 휩쓸리면서 비정상적으로 변화된 결과물이었다. 이후 빅토리아 시대에는 세계에 관한 사람들의 이해가 점점 깊어지면서 라벤나의 괴물 전설은 더 이상 사람들의 시선을 끌지 못했다.

# 비행류

Rhinogradentian

게롤프 슈타이너 교수의 저서『비행류의 형태와 삶』(*Bau und Leben der Rhinogradentia*)에 나오는 삽화, 이 비행류는 양귀비 비행류(orchidiopsis rapax)라고 불린다. 꽃잎 모양의 코는 배아 때부터 자라기 시작하며, 콧방울 표면에서 벌레를 끌어들이는 점액을 분비한다.

비행류(鼻行類, Rhinogrades, 코걸음쟁이)는 독일에서 널리 알려진 어떤 시(詩)에서 처음 등장했다. 이 시에는 '코로 걷는 짐승'이 나오는데 자기 새끼들을 데리고 물구나무를 선 자세로 걸어간다. 아직 어떤 책에도 실린 적이 없으며 이 생물을 '나조벰'(nasobame, 코로 걷는 짐승)이라 부른다고 되어 있다. 20세기 중반 독일 하이델베르크 대학의 게롤프 슈타이너 교수는 자신의 생물학 수업에서 학생들의 이해를 돕고자 비행류의 학명으로 '리노크래덴티안'(rhinogradentian)을 만들어내 가르쳤다. 그리고 이 생물의 생김새와 생활상 등을 자세히 기술하여 이후 책으로 정식 출간했다. 당시 그는 자신의 이런 일시적인 구상이 전 세계에서 큰 반향을 불러일으키리라고는 전혀 예상하지 못했다. 사람들은 이 전문용어로 가득한 허구적 이야기를 바탕으로 전설에 온갖 상상력을 덧붙여나가기 시작했다.

비행류는 남태평양의 작은 섬 '하이아이아이'(Heieiei)에 사는데, 2차 세계 대전 당시 일본의 동남아 포로수용소를 탈출한 스웨덴 병사 에이나르 페텔슨이 우연히 발견되었다고 전해진다. 하이아이아이 섬에는 거대한 활화산이 존재하며 각양각색의 특이한 동식물이 서식한다. 과거 토착민도 있었는데 외부에서 유입된 병균에 감염되어 전부 죽었다. 이 섬은 발견된 지 10여 년 후 미국의 핵실험이 일으킨 화산폭발로 깊은 바닷속으로 가라앉고 말았다.

어떤 비행류는 콧속 해면체에 피가 충만해지면 서는 자세를 취할 수 있는데 음경이 발기하는 것과 같은 이치다. 또 어떤 비행류는 남태평양에는 없는 무를 먹고 살고 심지어 콧물로 물고기를 낚는 비행류도 있다. 동일 생물군이지만 연체동물의 모습을 한 비행류도 있고, 사람 여성의 유방을 가진 종도 있다. 그 모습이 천차만별이다.

슈타이너는 학술적인 태도를 충분히 발휘하여 모두 14개 과로 나누어 총 189종의 비행류에 관해 기술했다. 각기 라틴어 학명을 만들고 해당 삽화까지 실었다. 이 삽화를 토대로 일본인들은 비행류 표본을 복원해냈다. 그중 골격 설명도에 근거해 제작한 골격 표본은 비행류 화석으로까지 여겨졌다. 하지만 이는 사람들의 호기심을 충족시키지 못했고 그들이 바라던 바도 아니었다. 복원된 표본이 전시되는 과정에서 비행류가 지금도 실존한다는 이야기가 사람들 사이에서 터져 나왔고, 심지어 직접 비행류를 잡아 찍은 사진이 있다고 주장하는 사람도 등장했다.

비행류는 네스 호 괴물처럼 미지의 생물이다. 하지만 자세히 들여다보면 이 책이 한 과학자의 '유머'에 불과하다는 사실을 알 수 있다. 슈타이너는 하랄트 슈튐프케(Harald Stümpke)라는 가상의 필명으로 이 책을 출간했으며, 하이아이아이아이('heieiei') 역시 독일 비속어로 "젠장, 빌어먹을"이라는 뜻이다.

비행류는 허구 이야기가 전 세계로 퍼져 나가 뜨거운 반응을 불러일으킨 특이한 사례다. 다른 허구의 과학 서적들과 비교해보면 이 책은 풍부한 실물 자료를 포함하고 있다. 또한, 빅풋(Bigfoot)이나 로드(Rod, Skyfish)와 같은 미지의 생물이 소문으로만 전해지는 것과 달리 이 책은 비교적 상세하고 정확한 비행류 해부도까지 제시했다. 이 두 가지 부분에서는 누구도 따라올 수 없는 독보적인 저작이기에 '허구 과학 서적'의 경전이라 부를 만하다.

# 세계 괴물 백과

신화와 전설 속 110가지 괴물 이야기

**1판 1쇄 발행** 2020년 10월 16일
**1판 6쇄 발행** 2024년 6월 1일

**지은이** 류싱
**옮긴이** 이지희
**발행인** 박명곤 **CEO** 박지성 **CFO** 김영은
**기획편집1팀** 채대광, 김준원, 이승미, 이상지
**기획편집2팀** 박일귀, 이은빈, 강민형, 이지은, 박고은
**디자인팀** 구경표, 구혜민, 임지선
**마케팅팀** 임우열, 김은지, 전상미, 이호, 최고은

**펴낸곳** (주)현대지성
**출판등록** 제406-2014-000124호
**전화** 070-7791-2136 **팩스** 0303-3444-2136
**주소** 서울시 강서구 마곡중앙6로 40, 장흥빌딩 10층
**홈페이지** www.hdjisung.com **이메일** support@hdjisung.com
**제작처** 영신사

ⓒ 현대지성 2020

"Curious and Creative people make Inspiring Contents"
현대지성은 여러분의 의견 하나하나를 소중히 받고 있습니다.
원고 투고, 오탈자 제보, 제휴 제안은 support@hdjisung.com으로 보내 주세요.

현대지성 홈페이지